« Le mode d'être artistique d'une œuvre peinte est celui qu'elle tient de l'artiste et de l'art auxquels elle doit d'exister.
Le mode d'être esthétique d'une peinture est celui qu'elle tient de l'expérience par laquelle et dans laquelle elle est appréhendée comme œuvre d'art ».

Étienne Gilson de l'Académie française
fondateur de la collection

l'ombre de la nuit

dans la même collection

Jacques AUMONT, *Le montreur d'ombre*, 2012.

Éric ALLIEZ, avec la collaboration de Jean-Clet MARTIN, *L'œil-cerveau. Nouvelles histoires de la peinture moderne*, 2007.

Laure BLANC-BENON, *La question du réalisme en peinture. Approches contemporaines*, 2009.

Alain BONFAND, *Histoire de l'art et phénoménologie*. Recueil de textes 1984-2008, 2009.

– *Le cinéma d'Akira Kurosawa*, 2011. Prix de l'Essai de l'Académie française pour l'ensemble de son œuvre d'essayste.

– *Le cinéma saturé. Essai sur les relations de la peinture et des images en mouvement*, 2 e éd. revue et augmentée, Vrin, 2011.

– *Paul Klee, l'œil en trop*, préface de Jean-Luc Marion, 2 e éd. revue, Vrin, 2019.

Fabienne BRUGÈRE, *L'expérience de la beauté. Essai sur la banalisation du beau au XVIII e siècle*, 2006.

Noël CARROLL, *La philosophie des films*, avant-propos et traduction par É. Dufour, L. Jullier, J. Servois, Anna C. Zielinska, 2015.

Anne-Marie CHRISTIN, *Poétique du blanc. Vide et intervalle dans la civilisation de l'alphabet*, 2009.

Danielle COHEN-LEVINAS, *La voix au-delà du chant. Une fenêtre aux ombres*, 2006.

– *L'opéra et son double*, 2013.

Carl DAHLHAUS, *L'esthétique de la musique*, textes réunis et traduits sous la direction de J. Labia, introduction de J. Labia, postface de A. Soulez, 2015.

Giuseppe DI LIBERTI, *Le système des arts. Histoire et hypothèse*, traduit de l'italien par A. Henssien et P. Rougier, 2016.

Thomas DOMMANGE, *Instruments de résurrection. Étude philosophique de La Passion selon saint Matthieu de J.-S. Bach*, 2010.

Formalisme esthétique. Prague et Vienne au XIX e siècle, textes réunis et traduits sous la direction de C. Maigné, 2012.

Roman INGARDEN, *Esthétique et ontologie de l'œuvre d'art*. Choix de textes (1937-1969), présentation, traduction et notes de P. Limido-Heulot, 2011.

– *L'œuvre architecturale, 1945*, introduction, traduction et notes de P. Limido-Heulot, 2013.

G.E. LESSING, *Traités sur la fable*, précédés de la *Soixante-dixième lettre*,

suivis des *Fables*, édition bilingue, avant-propos de N. Rialland, postface de J.-Fr. Groulier, 2008.

K. LÜDEKING, *La philosophie analytique de l'art*, introduction et traduction par J.Fr. Groulier, 2013.

Jacques MORIZOT, *Goodman : modèles de la symbolisation. Avant la philosophie de l'art*, 2012.

Frédéric POUILLAUDE, *Le désœuvrement chorégraphique. Étude sur la notion d'œuvre en danse*, 2009.

Roger POUIVET, *L'ontologie de l'œuvre d'art*, 2010.

Patricia TOUBOUL, *Instruire par l'image. Fénelon et les arts du dessin*, 2012.

Patrick VAUDAY, *Histoire(s) de médium*, 2016.

Eugène VÉRON, *L'esthétique*, 2007.

Lambert WIESING, *La visibilité de l'image. Histoire et perspectives de l'esthétique formelle*, traduction par C. Maigné, 2014.

Clélia ZERNIK, *L'œil et l'objectif. Psychologie de la perception à l'épreuve du style cinématographique*, 2012.

essais d'art et de philosophie

Alain Bonfand

l'ombre de la nuit

Essai sur la mélancolie et l'angoisse dans les œuvres de Mario Sironi et Paul Klee entre 1933 et 1940

Après la première édition de ce texte en 1993,
s'impose de redire ma dette à l'égard de Jean-Luc Marion.
Je tiens également à rendre hommage à la mémoire de Michel Henry.

directrice de collection :
Jacqueline Lichtenstein

6, place de la Sorbonne, Paris V[e]
ISSN 0249-7913
ISBN 978-2-7116-2899-5
www.vrin.fr

Pour Jacqueline Lichtenstein

donation et retrait

Aux Esclavons, le premier tableau à ma droite est *La vision de saint Augustin.* Et sur le tableau le premier objet que je vois est un sablier. Je suis en face du tableau, en face justement du sablier représenté. Les deux boules de verre ne communiquent pas. Le temps s'arrête. Ce temps est alors le temps de l'œuvre, celui de la vision. Je m'éloigne puis me retourne, par un effet d'anamorphose, alors à quelques mètres, de biais les boules communiquent, le temps a passé, je ne vois plus l'œuvre, ne la vois plus comme je la voyais.

En elle se jouent, selon ma position, deux anamorphoses et la première, celle qui prend le mot à son origine (montée à la forme) a droit sur la seconde qui n'est en fait qu'une métamorphose, le mouvement qui me fait réaliser ce que je viens de perdre : ce que j'ai vu.

Ce pourrait être une fable et ne l'est pas, le tableau bien sûr est de Carpaccio. Dans ces pages à travers les œuvres de Sironi et de Klee – celles de Sironi revues le même jour où je voyais, revoyant *La vision*, les deux boules étrangères l'une à l'autre du sablier – nous n'avons voulu qu'essayer de mettre en œuvres cet instant : celui où ce qui se donne se retire. L'instant du don et du retrait : ce temps donné où le sable s'interrompt, le temps que l'œuvre me donne. Les œuvres de Klee ne nous avaient pas quitté, il suffisait de les revoir en essayant de ne rien prévoir. Une chose encore, dans le tableau de Carpaccio le sable s'est écoulé jusqu'au dernier grain et c'est peut-être pour cela que les boules sont, de face, séparées. Il faut voir chaque fois comme si la nuit allait reprendre ce qui nous apparaît et que le jour nous donne avec miséricorde et dans un sursis.

Dans son avant-propos au *Crépuscule des idoles*, Nietzsche écrit que c'est l'excès de force qui prouve la force, de même pourrait-on dire : c'est l'excès du visible qui prouve le visible. Cet excès c'est l'invisible qu'alors le visible donne, cet excès cependant n'est pas, ou est plus qu'une preuve, puisque l'invisible ne saurait être prouvé. Ainsi, aucune œuvre ne prouvera jamais rien si c'est cela qu'on attend d'elle : plutôt qu'une preuve, elle est une épreuve, au double sens de ce que l'on éprouve et de ce que l'on doit affronter. Pas plus que l'œuvre n'est une preuve, elle n'est une valeur. Nietzsche définit le nihilisme tel le moment où les plus hautes valeurs sont dévalorisées, mais ceci peut être complété, et retourné à la fois : le nihilisme est avant tout le moment où les étants se valorisent. Cette valorisation correspond au règne de l'idéologie. L'œuvre d'art est devenue une valeur, valeur pour le marché, valeur pour la critique, deux des formes de l'idéologie où n'importe plus, à de rares et évidentes exceptions, la loi interne ou la logique de ce qui est, mais seulement et selon les voies les plus obliques la puissance de la volonté qui les affirme. L'idéologie – celle du marché de l'art – est l'instrument d'un système qui a peu à voir avec l'œuvre elle-même. Ce nihilisme prend sa source au XIXe siècle : il est l'abri du marché.

Mais il est un second sens du nihilisme : Heidegger lisant Nietzsche appelle nihilisme non seulement le mouvement par lequel la pensée rabat les étants sur de simples valeurs, ainsi les annulant, les annihilant, mais le mouvement par lequel la pensée ne voit pas le néant qu'elle provoque : le nihilisme est alors la figure qui consiste à mettre les choses en rapport avec un néant qui leur est peut-être résolument originaire dans la mesure où ce néant (des étants) dit l'être lui-même (différent de l'étant) : ce nihilisme métaphysique, s'il joue de ce néant, ne peut ni le penser, ni le dire, ni le voir comme tel[1]. Ainsi le nihilisme, une sorte de nihilisme au second degré, est « d'ignorer » ce néant, de composer avec les étants, de faire comme si les étants étaient toujours des étants, de faire comme si les valeurs étaient d'éviter donc la question de la nature du néant, ici ignorée. Ce nihilisme ne peut être ni affronté, ni mesuré, il est le symptôme d'une affection de

1. Martin Heidegger, *Nietzsche*, I et II, Paris, Gallimard, 1975.

la volonté qui, si elle agit sur tout, ne peut agir sur elle-même. Dès lors le monde voit s'étendre le règne de l'ennui, de la mélancolie marquée de destitution par la volonté en état d'*acédia*, de tristesse spirituelle. C'est ainsi qu'il faut comprendre l'œuvre de Sironi. Et parler de création en regard de cet état, à partir de lui, avant lui, selon lui et tout simplement de création, est redoubler ce nihilisme. Le comble du nihilisme est d'interpréter l'acte artistique en termes de création – n'est-ce pas la fonction de la critique de s'occuper de ce qu'elle appelle la création ? La création, telle que le mot est aujourd'hui employé, telle qu'on en use, est la menace d'un nihilisme sans retour. Il n'y a pas de création *ex nihilo*, prétendre le contraire c'est se mentir, s'annihiler soi-même, se nier : il n'est question à bout d'errance et de maîtrise que d'être le témoin de ce qui apparaît ou, pour le dire mieux, de ce qui se donne. Ce que l'artiste fait, il ne le fait que parce qu'il le reçoit dans une crise et, nous pourrons le voir, cette décision trouve son terme le plus exact dans le rapport qu'elle entretient à la possibilité, l'évidence pour Klee sans conteste, mais également pour Sironi, de sa propre mort. Chaque heure est à la fois la dernière et suivie d'une possibilité immesurable d'heures comme pour Klee à partir de 1939 chaque dessin est à la fois le dernier et suivi jusqu'au dernier d'une possibilité infinie d'autres dessins. À cette urgence s'oppose la mélancolie sironienne.

Ce sont donc ces deux temporalités contraires que nous avons voulu mettre en vis-à-vis. Essentiellement gouvernée ainsi l'œuvre n'a lieu que selon la conscience extrême du temps qui lui est donné. Et comme nous pourrons parler d'extrémités de l'apparaître, nous pouvons jouer sur ces deux ordres de temporalité : l'ennui sironien, le temps du sursis pour Klee. Comprendre ce temps d'échéance en l'opposant au temps de déchéance que l'œuvre de Sironi habite sans l'habiter. L'un et l'autre ont en commun que ce temps ne leur appartient pas, que ce temps leur est donné.

Le fait esthétique n'est dès lors déterminant que s'il n'est pas probablement et d'emblée déterminé, appréhendé comme produit, disponible, acquis. Il n'est déterminant qu'aussi longtemps que l'étrangeté, la surprise de sa percée jusqu'à l'appréhension est vive, jusqu'à, nous aurons à le montrer, son retrait. Ce retrait qui est, au même titre que l'apparaître, la détermination de l'*aisthèsis*, le point à partir duquel ce qui ne peut être considéré comme acquis peut être pensé. L'œuvre n'est plus alors et ensuite que l'objet qu'elle est. Ainsi s'installent après que l'œuvre a eu lieu, tels

les courtisans cherchant à être à proximité de ce qu'ils ne voient pas, les nihilistes dont nous parlions.
Le fait esthétique ne doit donc pas se séparer de l'élan qui, à partir de « l'impercevable » et en amont du spectacle, le fait surgir à notre perception.

Le débat esthétique se confondant avec la critique a fini par ne plus concerner telle ou telle caractéristique de faits esthétiques achevés, supposés donc une fois pour toutes visibles et acquis. Tant il est vrai qu'un phénomène n'a lieu qu'une fois, voir l'œuvre de Klee entre 1933 et 1940 consistait à mettre en évidence que l'expérience esthétique, si elle est vraiment, ne peut être considérée comme achevée. Il s'agissait de voir, de revoir sans prévoir. Et de la même manière mettre en regard cet œuvre et celui de Sironi était poser l'hypothèse au-delà de l'essai de démonstration que comparer un œuvre à un autre n'est pas l'évaluer. Ce sont deux choses bien différentes que de considérer l'objet esthétique comme accompli, fixé, disponible, livré pour une étude minutieuse, historisante, comparative, et de penser la genèse même où surgit le fait esthétique qui auparavant ne s'offrait pas au regard, l'*aisthèsis* plutôt. Souvent l'on entend l'un et l'autre comme antinomiques, le propos est ici de comprendre comment une étude historisante et comparative peut servir sans contredire une telle expérience.

Que le fait esthétique se fasse ici et maintenant « esthétique », percevable, telle est l'étrangeté véritable. C'est cette étrangeté à partir de deux œuvres, aux mêmes dates et selon des contextes rigoureusement antithétiques, selon surtout deux ordres de phénoménalités antagonistes que nous avons voulu préserver[1].

1. Ce que nous appelons deux ordres de phénoménalité nous a été suggéré par les travaux de Jean-Luc Marion déterminant l'opposition entre idole et icône dans *L'Idole et la distance* (Paris, Grasset-Fasquelle, 1977), *Dieu sans l'être* (Paris, Communio-Fayard, 1982), réflexion étendue au fait esthétique dans *La Croisée du visible* (Paris, La Différence, 1991). Dans la pensée de J.-L. Marion une démonstration d'un type analogue se trouve dans *L'Idole et la distance* où l'analyse consiste à dire : si Dieu est mort c'est parce qu'il est défini comme une idole, le propre de l'idole est que sa négation est toujours la négation d'une détermination et que toute démonstration de la mort de Dieu, critique d'un concept de Dieu, est avant tout la délimitation de Dieu à un concept. C'est seulement si Dieu a été identifié à un concept qu'une critique de ce concept est une critique de Dieu ; la mort de Dieu est donc toujours liée à la validité du concept auquel on identifie en un présupposé conscient ou inconscient Dieu lui-même. Or la définition de Dieu est d'être irréductible à quelque concept que ce soit. Ainsi, il faut comprendre la question de la mort de Dieu non pas telle une fermeture du problème de Dieu mais l'ouverture du problème de Dieu. La mort de la définition métaphysique de Dieu comme le Dieu moral ouvre pour Nietzsche la question des nouveaux dieux.

Le projet est de concilier le plus longtemps possible la connaissance et l'utilisation de ces œuvres peints selon leur catalogue raisonné, le savoir le plus achevé possible de leur détermination et le visible du tableau vu. Le visible du tableau vu reste rare, aussi rare que le monde qu'il ouvre. Poser le voir effectivement, non pas malgré mais grâce à l'usage de ce savoir, requiert une attention dont la conclusion une fois pour toutes est que ce qui se donne ne se donne que de façon imprévisible et parcimonieuse. L'œuvre apparaît et disparaît comme un visage qui me regarde ou non, et d'espérer ce regard et de tout savoir (n'est-ce pas la phrase écrite par Klee en haut de son dernier tableau inachevé : *Sollte alles denn gewusst sein? Ach ich glaube nein*) sur les conditions pour que ce regard ait lieu n'y change rien[1].

La question esthétique, au sens radical de l'*aisthèsis* du visible donc du sensible, consiste à déterminer les conditions de l'apparition. De quelle apparition? Des conditions de l'apparition de l'apparition elle-même. Et même cette « mort de l'art » dont la moindre revue s'est emparée ne doit pas se penser, du moins est-ce ainsi qu'il faut la lire, en contradiction avec sa fonction de supplément du visible mais plus exactement en conséquence d'elle. L'art a pour charge d'accroître le visible, rien au monde n'est visible qu'autour de lui, il dit ou laisse dire la manière dont s'accomplit la présence dans le monde de ce qui est. Les Latins qui disaient l'œuvre *signum* la comprenaient ainsi : un phare aurait dit Baudelaire, un signe mais contraire à ce que, nous le verrons, nous nous sommes habitués à nommer signe. Un signe en charge de présence.

Ainsi l'art met au monde non seulement des étants nouvellement visibles, mais essentiellement la visibilité en général de tous les étants à une époque donnée. Et c'est seulement à partir de ce constat qu'une enquête assimilable à l'histoire de l'art peut être menée. Dans l'œuvre en effet, la présence de

Toute pensée rigoureuse de la mort de Dieu est une pensée qui ouvre à la question de la donation, celle de la manifestation, de l'apparition de Dieu et non l'inverse. Ce n'est que dans la mesure où cela n'est pas que cela peut apparaître. Quand dans *Dieu sans l'être* Jean-Luc Marion pose identiquement la question de savoir si l'horizon de manifestation de l'être est l'horizon de manifestation de Dieu, il indique clairement en le comprenant la nécessité de passer du lexique de l'être à celui de la donation. Ce qui se donne n'a pas à être pour se donner – être n'est qu'une des conséquences du fait que cela se donne et que cela se donne a dans certains cas pour résultat que cela est.

1. Paul Klee, *Ohne Titel*, 1940, œuvre posthume, couleur à la colle sur papier Kraft, 148 × 103 cm, collection Aliocha Klee, Berne.

tout étant se déduit et se voit. D'où ce lien entre l'art et la métaphysique qui à chaque époque énonce la manière d'être, donc d'entrer en présence des étants.

Ainsi la philosophie a eu l'habitude et pour fonction de détruire la prétention d'une partie du donné à se constituer comme objet, établissant un rapport strict entre le champ assigné à la création artistique, à l'expérience esthétique, et le champ de la philosophie dans un rapport où souvent l'un est l'inverse de l'autre. Détruire la prétention d'une partie du donné à se constituer comme objet, c'est-à-dire à produire du non-objet, en d'autres termes ce que la métaphysique exclut du champ de l'objectivité et exclut donc du champ de l'être. Cette discrimination fondamentale est ce que Nietzsche dénonce sous l'idée de platonisme. Il ne s'agit pas pour autant d'une simple discrimination entre l'intelligible et le sensible mais bien d'une distinction qui traverse toute l'histoire de la philosophie entre ce qui, parmi ce qui apparaît dans le champ de l'apparence, a droit au statut d'objet et ce qui n'a pas droit au statut d'objet, c'est-à-dire au sens strict, entre ce qui a droit d'être et ce qui n'a pas droit d'être. La philosophie sous

sa figure phénoménologique n'est pas l'entreprise qui consiste à observer ce qui n'est pas vraiment parmi l'apparition mais admet que tout ce qui apparaît en tant qu'il apparaît est[1]. Toute la métaphysique classique avait consisté à dire l'apparence contre l'être, la thèse de Husserl est bien un coup de force : ce qui apparaît dans la mesure précise où il apparaît, où il s'agit bien d'un événement d'apparition, alors est. La question n'est plus d'exclure dans le mouvement d'apparition ce qui est vraiment ou ce qui n'est pas vraiment puisque tout ce qui apparaît est, mais de déterminer, parmi ce qui apparaît, ce qui apparaît à fond, du fond et ce qui d'une certaine façon n'apparaît qu'en surface. La distinction n'est plus entre l'apparition et l'être mais entre les intensités d'apparition. La question qui est au demeurant la seule vraie question de l'*aisthèsis* est de savoir comment ce qui apparaît, apparaît de la manière la plus achevée, c'est-à-dire de la manière la plus insoutenable. Cette question est celle, centrale, de l'œuvre de Klee à partir de 1935.

Qu'il s'agisse là d'un retournement dans l'histoire de la métaphysique ne fait aucun doute et notre commentaire à cet égard ne peut être que

1. « Soviel Schein, Soviel sein » (Husserl, *Méditations cartésiennes*).

réducteur, en revanche il convient de souligner que cette date marque un tournant dans les rapports entretenus entre la philosophie et l'art puis entre la philosophie et l'histoire de l'art.

On peut admettre et redire qu'il y a, qu'il y a eu une mort de l'art propre au travail philosophique, que le règne du concept relègue toute représentation : la représentation « esquissant » le concept mais disparaissant devant la vérité qu'est le concept. La philosophie, redisons-le, a pour fonction de combattre les prestiges de l'apparence, en d'autres termes ce que l'artiste apprend et a charge de faire apparaître. La phénoménologie est donc la philosophie qui d'une certaine façon inverse un tel rapport, affirmant que la question n'est pas d'exclure de l'être une partie de l'apparence mais de mesurer, peut-on dire, la profondeur des apparences, en sorte que ce soient les puissances d'apparition respectives qui constituent la hiérarchie de ce qui est.

Rien de ce qui apparaît ne peut être exclu du champ de l'être et d'une certaine manière rien de ce qui est ne peut être inapparent. C'est pourquoi l'invisible apparaît. Il est question alors d'une philosophie de l'inapparent ou plutôt de l'apparition de ce qui n'apparaît pas. Il n'y a plus lieu de choisir entre l'apparence et l'être mais de déterminer ce qui apparaît et donc surtout, d'abord, l'invisible. L'histoire de la métaphysique ne cesse de prétendre que l'invisible est autant et même plus que le visible. Le problème central est donc que l'invisible apparaisse. La très fameuse et trop commentée remarque de Klee affirmant que l'art ne doit pas reproduire le visible mais rendre visible, ne doit pas se comprendre alors seulement selon l'écart radical affirmé par rapport à une logique de la *mimèsis* mais bien ainsi : rendre visible suppose que ce qui est rendu visible ne l'était pas ; rendre visible s'entend donc littéralement comme faire apparaître l'invisible[1]. Il faut accepter alors non pas de parler pour ne rien dire mais de dire le rien. Dire le rien de la même manière que la peinture a pour charge de faire apparaître ce qui n'apparaît pas. Ce rien est ici souligné par les tonalités fondamentales des deux œuvres en présence : l'angoisse, la mélancolie. Ainsi admis que la fonction de la peinture est de faire apparaître ce qui n'apparaît pas – aurions-nous vraiment besoin d'elle si elle faisait apparaître ce qui

1. P. Klee, *Théorie de l'art moderne*, Paris, Denoël-Gonthier, 1975, traduction établie par P.-H. Gonthier, p. 34.

est déjà apparent – son ultime raison est de nous faire voir, nous donner à voir ce que Jean-Luc Marion a appelé l'invu[1]. L'invu : le non encore vu, le non encore visible. La peinture croise alors dans une coïncidence suraffirmée la définition que Heidegger propose du phénomène : que le phénomène apparaisse de lui-même à partir de lui-même[2]. La question de la métaphysique mais aussi de la peinture se trouve ainsi déplacée, reléguant le problème de l'être; l'apparition outre-passant la frontière entre être et apparence. L'être n'est alors qu'un cas particulier de la montée à la visibilité d'un fond qui sinon serait resté invisible. Tout ce qui est en tant qu'il apparaît se donne; n'est-ce pas la façon dont Husserl définit le principe des principes : que tout ce qui apparaît doit être reçu dans la mesure où il se donne et radicalement comme il se donne[3].

Le point commun de tout ce qui apparaît, qu'il s'agisse des idéalités mathématiques ou des formes sensibles, est qu'il apparaît en tant que donné. Être c'est être donné. La question alors qui consiste à déterminer quel type d'intuition est à l'œuvre en telle œuvre est secondaire une fois ce point admis. Et ce n'est qu'en tant que ce qui est donné est donné qu'il

peut être reconnu comme étant. Cette interrogation est donc préalable à la question de l'œuvre, elle l'engendre, la détermine, la soumet et soumet tout autre savoir de l'œuvre. Le soumet ne veut pas dire le rend empiriquement second, au contraire, mais assigne à ce savoir sa raison.

Une telle pensée est bien une pensée du fait accompli, que le critère absolu de ce qui est soit qu'il soit donné libère en quelque sorte l'activité artistique, accomplissant la déconstruction de l'édifice hégélien où le tableau n'est en fait présent et justifiable que dans la mesure où il anticipe sur cette compréhension distincte et souveraine qui sera celle du concept. Le tableau désormais conquiert son irréductibilité à l'égard du concept et le premier acte de cette liberté est qu'il n'a plus à être conforme à des conditions de

1. J.-L. Marion, *La Croisée du visible*, p. 66 et suivantes.

2. M. Heidegger, *Sein und Zeit*, § 7, Authentica, 1985, traduction établie par E. Martineau.

3. E. Husserl, *Ideen I*, Ire section, chap. 2, § 24, Paris, Tel-Gallimard, 1989, traduction établie par P. Ricœur. « Mais finissons-en avec les théories absurdes! Avec le principe des *principes* nulle théorie imaginable ne peut nous induire en erreur : à savoir que *toute intuition donatrice originaire est une source de droit pour la connaissance*; tout ce qui s'offre à nous *dans "l'intuition" de façon originaire* (dans sa réalité corporelle pour ainsi dire) *doit être simplement reçu pour ce qu'il donne sans non plus outrepasser les limites dans lesquelles il se donne alors* » (p. 78 [43-44]).

possibilités préalables. Il faut entendre acte ici au double sens de décret et d'exécution. Le tableau a à se donner.

Le propre du tableau est qu'il instaure du réel qui est pourtant essentiellement irréel. Le fait que sa réalité est assujettie, secondarisée, inessentielle et s'absente parce que le tableau se donne sous la forme de l'irréalité prouve que c'est cela même qui se donne. Si le tableau prodigue la terreur ou donne la joie, plus que jamais le tableau est irréel, ce n'est ni la joie ni la terreur que la peinture est. Au sens strict ceci est une simple apparence et le plus grand tableau du monde, celui qui me fait éprouver la plus grande terreur ou la plus grande joie, n'est en tant que matérialité qu'une simple apparence. Le tableau n'est jamais ce qu'il montre, mais en revanche il montre ce qu'il donne, et nous ne voyons jamais d'un tableau que ce qu'il nous donne, c'est-à-dire essentiellement ce qu'il n'est pas[1].

Aussi paradoxale que soit donc une telle affirmation, aussi contraire à ce que la critique et l'histoire de l'art ont fait du tableau, devant un tableau je vois toujours ce qu'il n'est pas.

Et l'œuvre n'est jamais vue pour ce qu'elle est mais pour ce qu'elle donne ; ce qu'elle donne : le rien dont nous parlions, une pure apparition et peut-être aussi une apparition pure.

L'apparition ne fait que passer par l'apparence, transiter en elle. Ce que le tableau est : cette apparence, toile, cadre, ne compte pas, ne compte qu'en regard, soumis au regard qui attend, espère et ne voit que ce que le tableau n'est pas.

De la même manière que la philosophie a désormais à penser les modes de la donation, l'*aisthèsis* ne dérive que secondairement vers une ontologie ; l'œuvre est alors moins un transcendantal de l'être que le mode privilégié de la donation.

On peut dès lors croire que le propre d'un tel regard est de prendre la mesure des degrés de donation : dans le diptyque construit mettant en comparaison les œuvres de Klee et de Sironi, non seulement les degrés de la donation mais d'une certaine manière leurs modalités, et les plus contraires parce qu'extrêmes. Et selon cette figure qu'il est communément convenu

1. Ce « n'est pas » n'est pas à prendre dans un sens privatif ou négatif. Le « est » tout autant que le « n'est pas » n'est que la détermination ontique du tableau.

d'appeler l'œuvre d'art, la démonstration prend un relief d'autant plus accusé puisque ce qui est, est irréel et ce qui est réel, n'est pas. L'*aisthèsis* n'a alors plus à décrire ces donations que selon leurs modalités c'est-à-dire à partir de ce que l'œuvre est et non pas à décrire l'œuvre : voir ce qui apparaît et parfois apparaît avec une puissance d'injonction considérable mais qui d'une certaine manière n'est pas.
Voir le tableau consiste alors à décrire cet irréel quand il apparaît sans pour autant le dire simplement conformément au langage de l'être, non seulement parce que le langage de l'être tend à se conformer à ce qui est mais surtout parce que le tableau affirme le primat de la donation. Si l'on peut dire que l'angoisse nous met en présence d'un être sans temps, en tant qu'elle est pour Heidegger révélation de l'être, et que la mélancolie est révélation du temps nous mettant en demeure de subir un temps sans être, du tableau nous pouvons seulement et essentiellement dire qu'il est donation[1].

C'est pourquoi il ne faut pas comprendre l'œuvre de Klee seulement à partir de son angoisse mais plutôt comment en l'œuvre cette angoisse trouve son terme quand l'angoisse devrait, paralysant tout, interdire l'œuvre : comprendre comment la mélancolie pour Sironi peut être en l'œuvre alors qu'elle est ce temps sans être. Le regard porté sur l'œuvre doit donc jouer dans un horizon qui n'est pas d'abord l'horizon de l'être, mais celui de la donation.
Comprendre que ce qui apparaît donne et se donne; cette modification, ce passage du lexique de l'être au lexique de la donation confère au tableau un statut privilégié[2]. Il est le site où la question du donné et celle de la

1. M. Heidegger, *Sein und Zeit*, § 40.

L'angoisse semblait garder un privilège phénoménologique : or, comme le met en évidence l'article de Michel Haar, « Le temps vide et l'indifférence à l'être » (*Exercice de la patience*, n° 7, Obsidiane, 1986), un cours du semestre d'hiver 1929-1930, publié en 1983 dans la *Gesamtausgabe* (*Die Grundbegriffe der Metaphysik*, Weit, Endlichkeit, Einsamkeit, G. A. vol. 29/30, Frankfurt, V. Klostermann, 1983) ne laisse pas de doute quant au caractère tout aussi primordial de l'ennui pour le *Dasein*. Michel Haar remarque très justement que l'on ne peut plus dire comme Bollnow que « tout l'édifice philosophique de Heidegger repose sur l'étroite base d'une seule tonalité affective » (*Les Tonalités affectives*, Neuchâtel, La Baconnière, 1953, p. 65). Nous ne nous attarderons pas à prendre les limites de l'anthropologie philosophique posée par Bollnow. Il sera en revanche nécessaire de prendre acte des rôles respectifs de l'angoisse ou de l'ennui comme *Grundstimmung* à partir de *Réduction et donation* de J.-L. Marion, chap. 4, « Le rien et la revendication », « Épiméthée », Paris, P.U.F., 1989.

2. Voir note 1, p. 12.

réception du donné se posent évidemment, où s'ouvre la distinction entre le non vraiment donné et le donné et se manifeste l'épreuve de la donation. L'art n'est un faire que dans la mesure où plutôt que de laisser être ou n'être pas il fait être, faire ne signifie pas seulement le passage du non-étant à l'étant mais pose explicitement et préalablement la question de la donation, une donation à deux niveaux où l'œuvre n'est pas un faire-être à partir de… (même lorsque nous sommes dans une logique de la *mimèsis*) mais le lieu où se joue avant l'être le « il y a » de la donation. Les modalités de ce « il y a » : miroir selon Platon ou *ready-made* ne sont que les termes selon lesquels la donation s'historialise. La mort de l'art en tant qu'explicite assignation de l'art à la métaphysique affirme, dans cette présupposition du moins, le primat du faire-être sur le faire : une fin de la fin de l'art ne peut être pensée qu'en relevant et imposant le primat de la donation sur le faire-être.

Décrire n'est donc que mesurer les puissances d'apparition mais pour cela faut-il encore voir.

Les conditions de la donation sont déterminantes dans deux problématiques : celle du néant, du rien ; celle de l'ennui, de la mélancolie. Le peintre n'a pas affaire à ce qui est et il ne suffit pas que ce qu'il produise soit pour apparaître, encore faut-il que cela se donne et soit reçu. Si l'horizon déterminé est premièrement celui de la donation, la donation a ses exigences propres qui sont celles de la réception du donné, c'est alors que les problématiques du néant ou de la mélancolie deviennent déterminantes. Le propre de la pensée de Heidegger est d'avoir tenté de faire apparaître l'être comme un phénomène, mesurant implicitement que si l'être a à apparaître comme phénomène il n'est donc pas (plus) la détermination dernière. (Heidegger parlera d'ailleurs plus tard d'*Ereignis*[1].) Il tente alors de faire apparaître l'être à partir du phénomène du rien : le rien étant l'absence, la défaite, la destruction de tout étant particulier. Faire apparaître l'être qui n'est rien d'étant, mais pure condition de possibilité, est le faire apparaître comme un phénomène. La question de l'être est dès lors explicitement soumise à celle de la donation. C'est dans l'absence de quoi que ce soit que nous faisons l'expérience de l'être, ainsi donc moins nous expérimentons un

1. *Ereignis* : notons que ce mot n'apparaît pas dans *Sein und Zeit* ; à la hauteur de la page 235 dans le « *Hütten Exemplar* » est noté en marge « *Ankunft und Ereignis* ».

étant, plus nous faisons l'expérience de l'être : nous sommes alors dans l'angoisse littéralement face à l'être. Ce face à face dont l'œuvre de Klee après 1935 est probablement l'une des expressions les plus visibles.

Dans la mélancolie le fait d'être, la possibilité d'être, l'horizon de l'être, est disqualifié, elle est alors non seulement une haine de ce qui est mais du fait d'être, elle suspend la détermination fondamentale et en cela est plus que l'angoisse encore la disposition originaire. Fascinante en ce qu'elle est avant l'être puisque ce qui est mis en perspective, c'est-à-dire en abîme, est l'être même. Réfutant, reléguant, reportant l'événement d'être, elle atteste le caractère originaire de la donation. Dans l'ennui, comme le montre Jean-Luc Marion dans *Réduction et donation*, c'est la donation originelle qui se refuse à nous[1]. Avant que l'être soit, la donation donne et l'être ne peut être que s'il est reçu et si donc il est donné. C'est pourquoi ce qui peut apparaître comme un « thème » du point de vue de l'histoire de l'art ou de l'histoire des idées : mélancolie ou vanité, n'est pas seulement un thème, ce que l'œuvre de Sironi devrait nous aider à prouver, mais une détermination essentielle de l'apparition. Une « mélancolie » est un tableau, c'est exemplairement le cas dans l'œuvre de Sironi, qui se contredit lui-même parce qu'il peint et montre par quoi et comment les conditions de la donation pourraient être suspendues, en d'autres termes ce par quoi le tableau pourrait, aurait pu, aurait dû, ne pas être peint, ce par quoi il pourrait ne pas être reçu. C'est sur ce paradoxe que se fonde l'œuvre de Sironi d'autant plus évidemment que la mélancolie l'intone presque totalement. Peindre une « mélancolie » pour Sironi, c'est peindre ce par quoi le tableau pourrait, devrait ne pas être vu. En ce sens la mélancolie entretient avec l'allégorie un commerce tout à fait particulier et semble ne pouvoir être qu'allégorie : il est pourtant de très rares œuvres – *Le nuage rouge* de Mondrian[2] – où un tableau serait une mélancolie dont l'allégorie n'est pas le modèle : mais peut-on alors la dire mélancolie ? Quand Sironi

1. « Mais si la revendication de l'être permet finalement seule l'herméneutique du Rien comme l'être, la disqualification de tout appel par l'ennui, n'interdit-elle pas d'accéder à l'être depuis le Rien ? L'ennui n'offusque-t-il donc pas le "phénomène d'être" que l'angoisse prétendait découvrir ? » (J.-L. Marion, *Réduction et donation*, chap. 4, p. 289).

2. *Le nuage rouge*, 1908, huile sur toile, 64 × 75 cm, La Haye, Gemeente Museum.

Ce tableau devenu le titre du livre d'Yves Bonnefoy (Mercure de France, 1977), est analysé par lui comme l'œuvre paradigme de la mélancolie en peinture.

peint une mélancolie ou toute mise en scène qui en reprend le modèle et les termes, ce qui est peint est peint en tant qu'il est devenu indifférent, qu'il soit vivant ou mort (ne dit-on pas ordinairement qu'une vanité peut aussi être une nature morte?); indifférent parce que justement pétrifié, pris dans un temps sans être, un temps qui est alors celui de l'exil et de l'indifférence à cet exil même. L'œuvre manifeste cet exil comme faisant l'épreuve de son indifférence, et en cet exil du présent est peint le suspens de la différence entre mort et vie, suspens dont la pétrification dans l'œuvre de Sironi peut être le modèle.

Le suspens de cette différence peut également et peut-être avant tout être lu comme l'indifférence à la donation de ce que le tableau exemplairement donne. Le tableau, nous le verrons, exécuté mais refusé par Sironi, redouble bien en l'accusant le paradoxe. L'œuvre – la mélancolie – représente l'acte par lequel nous ne nous arrêtons pas devant elle pour la regarder, d'une certaine façon elle exhibe et donne ce qui ne se donne pas.

C'est dans cette expérience de la mélancolie mise en œuvre que le primat de la donation s'affirme en regard de tout tableau. Ainsi, étrangement, le travail de mort de l'art qui était, jusqu'à et au plus haut point avec Hegel, celui de la philosophie, s'inverse si la question de l'apparition est plus fondamentale que celle de l'être. Et si les conditions de la donation, si la donation même se jouent dans l'apparition, l'œuvre, ici le tableau en tant qu'il est exemplairement le site de cette donation, mérite d'être pris en compte par le philosophe non pas tant pour ce qu'il est mais pour ce qu'il donne.

mise en perspective historique des œuvres de Paul Klee et de Mario Sironi, entre 1933 et 1940

Dans un tableau je ne vois pas d'abord le tableau mais l'espace et le temps qui me le font apparaître en tant qu'ils lui permettent de satisfaire aux conditions de son apparition. C'est aussi ce qui me permet souvent de reconnaître tel ou tel tableau comme appartenant au même œuvre, évidence qui a autorisé les classifications en histoire de l'art les plus arbitraires par style ou époque à l'intérieur d'un même œuvre alors que – l'œuvre de Klee en est une démonstration patente – peuvent coexister à une époque donnée différentes phénoménalités. Il est effectivement clair que ce que je vois avant tout dans un tableau de Klee entre 1935 et 1940 sera ce phénomène du phénomène : le temps et l'espace dans lesquels l'œuvre s'origine. Ainsi avant de poser un objet dans l'espace et le temps comme phénomène, ici le tableau, nous devons avoir posé l'espace et le temps propres du phénomène qui originairement le fonde. Il est trop rapide de dire que dans le cas de Klee cet espace et ce temps sont ceux de l'angoisse et dans le cas de Sironi ceux de la mélancolie, c'est pourtant ce que premièrement je vois : ce phénomène du phénomène second est l'« objet-tableau » avant qu'il ne redevienne un « tableau-objet ». L'œuvre rend évident – c'est en cela qu'elle peut être dite « phénomène par excellence[1] » – le phénomène du phénomène : le temps et l'espace de l'angoisse ou de l'ennui formalisés dans l'œuvre.

1. J.-L. Marion, *La Croisée du visible*, p. 59.

Voir, faire voir c'est décrire, écrire la montée à la visibilité de l'œuvre à moi. Une anamorphose au sens strict d'une montée à la forme et non pas au sens où l'entendent ordinairement les historiens d'art; une anamorphose et non pas une métamorphose; une montée à la visibilité et non le passage d'une forme à une autre. L'œuvre est bien ce phénomène par excellence, détermination, délimitation, définition de la visibilité. Ainsi la phénoménalité parce qu'elle se déploie comme anamorphose et précisément parce qu'elle entre dans telle ou telle formalité, tout en provoquant négativement l'inapparence de ce qui n'accomplit pas le trajet de l'anamorphose, veut dire montée vers une forme qui n'est pas œuvre, de ce que nous pourrions appeler une phénoménalité commune propre et inhérente à l'œuvre. C'est dans la mesure où la forme ne vient pas au phénomène d'elle-même que l'œuvre, le tableau, phénomène par excellence, est phénomène avant tout singulier. Anamorphose veut dire montée vers une forme qui n'est pas nécessairement la sienne. Si le tableau accède par l'anamorphose à sa phénoménalité propre et sans reste ou résidu, il ne peut accéder à cette phénoménalité que si elle est son propre

mode, inhérent à lui, fondateur, sa raison. Ces formalités du phénomène prennent formes alors, je ne vois plus qu'elles, en d'autres termes je ne vois que de l'invisible.

Dans le cas de l'œuvre de Klee l'invisible que je vois peut se dire tel l'invisible du visible mais aussi tel l'invisible de l'angoisse, l'invisible du péril, l'invisible de la maladie. Cet invisible ainsi va se décliner comme l'on décline son identité. Pour Sironi cet invisible refusant de décliner son identité, alléguant l'avoir perdue, ne pourra se dire qu'en étant l'apparaître du non-apparaître. Je ne verrai alors en l'œuvre sous le mode de l'apparition que les conditions de la non-apparition. Ce qui apparaît alors, apparaît soit de la façon la plus insoutenable dans un face à face travaillant à anéantir ou user tout étant, soit en totalisant les étants pour les annuler.

L'œuvre jusqu'à disparaître assume alors son rôle d'écran. Nous aurons à définir l'œuvre plus amplement comme surgir-disparaître, apparaître jusqu'à, dans, son retrait. Les phénoménalités opposées de ces œuvres contraires sont deux modes de donation singuliers, deux modes d'apparaître propres selon les termes extrêmes de l'apparaître dans le face à face auguré par l'angoisse, dans la visée sans fin de la mélancolie.

En 1933 Klee quitte Düsseldorf, cette date redoublée par les signes irrépressibles de la sclérodermie en 1935 marque le tournant décisif de son œuvre. Une accélération du processus créatif dans le rythme et dans l'intensité de l'œuvre. En 1933 Sironi abandonne pour une courte dizaine d'années la peinture de chevalet : l'art fasciste doit pour lui être un art monumental condamnant une pratique bourgeoise qui lui semble sans avenir. Aux deux extrémités de l'expérience artistique se jouent les scènes les plus contraires. Un drame donne naissance dans les dernières années, avant la mort de Klee en 1940, à des œuvres que l'angoisse brûle de l'intérieur sans totalement les consumer, jusqu'au seuil de l'œuvre, au plus près de nous, où cette angoisse comme une lumière dirigée vers nous nous détourne de tout autre objet. La mélancolie sironienne des premières œuvres vient aux mêmes dates se nicher dans la grandiloquence ; l'œuvre alors « en grandissant », et voulant conquérir sa force publique, s'exténue, gardant pourtant intacts dans la démesure de la pompe, au cœur du régime pour lequel elle travaille, son désenchantement, sa tristesse intérieure. À la fin du régime Sironi reviendra à la peinture de chevalet comme contraint par un échec qui se confond avec l'échec politique.

Un monde donc se ferme à Berne dans l'atelier laboratoire, un monde toujours, chaque jour plus inquiet où Klee entame pour ne plus l'interrompre le dialogue silencieux avec sa mort qui parfois se confond avec ce qu'il interprète de l'Europe. L'on imagine ce silence coupé seulement de quelques phrases de Mozart : à Rome, à Milan les vociférations de Mussolini enjoignent à la mélancolie sironienne de se détourner d'elle-même. L'œuvre alors radicalisée expérimente les clauses stylistiques qui la fondaient et accordaient sa mélancolie à l'une des expressions plastiques les plus adéquates que l'histoire de l'art du XXe siècle ait connue. L'expression monumentale de l'œuvre en stratifiant les modes et les modalités, en projetant ce désenchantement dans son milieu le plus contraire paradoxalement radicalise cette expression de la mélancolie et en devient presque une caricature.

Tout oppose ces deux œuvres et ces deux peintres ; il s'agit ici de montrer comment l'angoisse et l'ennui trouvent à se montrer exemplairement. Les dernières œuvres de Klee sont les gestes d'un combat qui se sait perdu jusqu'au dernier accord. L'œuvre entier de Sironi, notre démonstration sera ici paradoxale, essentiellement son œuvre monumental, s'intone selon cette *acédia*, en chaque œuvre, en chaque commentaire nous pourrions la lire ; sauf quand l'incantation du régime finit par orchestrer le désenchantement même. L'œuvre monumental est peut-être l'extrême de sa mélancolie jusqu'à ce qu'en elle plus rien n'apparaisse, pas même le refus de l'apparaître sur lequel jouaient si justement les tableaux. Nous passons de la pétrification imaginée, rêvée à celle effective des parois du régime. Et cet art se fossilisant, s'encryptant en lui-même, trouvant son terme dans une telle démesure devient le non-apparaître d'un apparaître toujours déjà perdu et improbablement, impossiblement à venir. Aux mêmes dates, ces deux œuvres l'une en regard de l'autre, aux extrémités contraires – contraires comme les points les plus rapprochés d'un cercle qui ne pourrait se fermer – de l'apparaître, n'ont pas à se répondre et tout les oppose, tout sauf cette proximité précisément entre l'angoisse et l'ennui.

Le Bauhaus de Weimar fut fermé au début de 1925 par le gouvernement de Thuringe. Dessau dans le Land de Anhalt accueillit le Bauhaus. L'école s'attacha alors plus à un enseignement où l'architecture, la technique et

les arts appliqués devenaient essentiels. Klee en 1931 se décida à accepter une chaire de professeur à l'académie de Düsseldorf. Il fit alors deux fois par mois le trajet d'une ville à l'autre, d'un atelier à l'autre. Quand en janvier 1933 les nazis prirent le pouvoir, Klee semble n'avoir pas voulu croire qu'ils appliqueraient la politique que depuis Weimar ils annonçaient cependant. Comme la majorité des Allemands il resta alors à l'écart, les deux élections de 1932 avaient consolidé et durci son scepticisme à l'égard du pouvoir, du grégaire. La nuit du 30 janvier il écrivit à Lily, sa femme, son amertume et son désarroi à l'égard des masses populaires[1]. Cette déception n'est en quelque sorte que la confirmation tragique de ce qu'il avait déjà noté dans sa conférence de Iéna en 1924. (Depuis son engagement bref au côté du gouvernement révolutionnaire de Munich et l'échec de ce dernier, Klee ne cessa de prendre des distances à l'égard des masses ; même à l'intérieur du Bauhaus il ne sembla jamais vraiment

1. L'ensemble des lettres citées font partie soit des archives Felix Klee, soit des archives Grohmann, Paul Klee-Stiftung, Kunstmuseum, Berne. Il faut être reconnaissant à Jürgen Glasemer d'en avoir établi le classement. Klee. – Lettre à Lily, 30.01.1933 : « Je ne crois plus qu'il soit possible de venir en aide à la masse. Le peuple est trop inapte aux choses réelles, dans cette perspective, il est bête *(dumm)*. »

croire à cet hypothétique rapprochement.) Nous sommes donc en 1933 au moment exact où Klee voit sa certitude qu'en fait l'art est coupé des masses confirmée. À la même date donc où Sironi pose le point de vue contraire comme hypothèse de recherche, Klee ne croyait cependant pas en 1933, malgré les indices trop visibles, que l'art tel qu'il l'avait rêvé serait condamné et détruit. Mais le 1er février 1933 le journal nazi *Die Rote Erde* consacrait une pleine page d'anathèmes contre l'académie de Düsseldorf, dénonçant l'école comme un paradis pour les artistes « juifs » à la solde également du marchand juif, celui de Klee d'ailleurs, Alfred Flechtheim[1]. Klee pourtant, malgré ces événements, malgré même une perquisition des cadres du parti nazi fin mars chez lui à Dessau, voulut croire jusqu'au dernier moment, tout en se préparant au pire. Il dut solliciter malgré lui les documents prouvant son origine aryenne. Les membres du *Kantpfbund für deutsche Kultur* avaient mis en évidence un détail de sa biographie qu'ils avaient trouvé dans le livre *Kairouan* que Hausenstein lui avait consacré en 1921 à propos de son voyage en Tunisie. Klee avait à cette date confié son journal à Hausenstein; il y écrivait lui-même l'hypothèse rêvée d'une possible ascendance orientale de sa mère. En 1933 Klee, de crainte d'une nouvelle perquisition, dut couper le mot « oriental » dans son journal[2]. Il reçut par une ironie amère ce rapport d'« origines » en juin 1935 à Berne, un an et demi après son émigration. Le 7 avril 1933 la loi pour le remodèlement de la fonction publique était publiée, elle permettait au ministre de se livrer à une opération drastique de mise à pied de l'ensemble des représentants de l'art moderne sans même alléguer le prétexte racial. Le 21 avril Klee fut suspendu. Dans un article publié dans le *Deutsche Kultur-Wacht* le critique d'art nazi Robert Scholz se félicitait de cette mesure et affirmait que le fait que l'on ait pu jamais considérer Klee comme un grand artiste serait pour les générations futures le symptôme le plus éclairant de la dégénérescence

1. *Die Rote Erde*, 01.02.1933, article de Hendrik : « C'est là que le grand Klee a sa part, lui qui est déjà fameux en tant que professeur au Bauhaus. Il raconte à tout le monde qu'il a du sang arabe, mais c'est typiquement un Juif de Galicie *(typischer Galizischer Jude)*. Il peint de manière de plus en plus folle, il bluffe à qui mieux mieux, ses élèves écarquillent les yeux et restent bouche bée, voilà qu'un art nouveau, inédit, fait son entrée dans le pays du Rhin *(in das Rheinland)*. »

2. On peut effectivement consulter dans les archives de la Paul Klee-Stiftung, Kunstmuseum de Berne, le manuscrit autocensuré.

totale de cette époque et d'un art « individualiste[1] ». Klee pensa un temps s'exiler à la campagne pour continuer à travailler mais son contrat avec Flechtheim à Berlin ne put naturellement pas être renouvelé. Il partit alors pour Paris le 21 octobre et signa avec l'accord de Flechtheim un contrat avec Kahnweiler; quelque temps après son retour le 27, la décision de partir sera prise. Paul et Lily Klee quittent l'Allemagne le 23 décembre. Le détail de ces événements permet de nuancer l'idée d'un départ immédiat de Klee, celle d'un exil évident. Klee était resté onze mois moins une semaine dans l'Allemagne nazie et ne la quitta que contraint et forcé. Dans une lettre à Will Grohmann de janvier 1933 Klee écrit : « l'année a commencé avec de nouveaux dessins dont les lignes auraient dû être droites. Est-ce à cause de cela que je ne sens plus le soleil dans mon cœur, ou bien est-ce que je ne sens plus le soleil à cause de cela? Voilà une question pour historiens d'art médiocres. Mais comme il peut y avoir de bonheur dans quelques lignes, voilà par contre une question véritablement sérieuse. Encore un mot : ce Hitler! » (« *Aber wie viel Glück in ein paar Linien liegen kann, ist schon eine ernstere Frage. Noch etwas : Unser Hitler*[2] *!* »). Klee pose bien la question

du bonheur, nous dirions de l'*apparaître*, venant des lignes comme seul préalable déterminant; toute question donc de psychologie d'art étant par lui clairement tournée en dérision. Ces dessins sont les cinquante premiers numéros du catalogue de l'œuvre de cette année. Dans une autre lettre datée du même jour, Klee écrit à Lily : « Mais il faudra longtemps, si cela continue, jusqu'à ce qu'on se demande dans l'histoire des civilisations et de l'art et jusqu'à ce que personne ne puisse plus le faire sans consulter le dictionnaire, qui était à proprement parler le Grand Hitler. Ce type de question appartient au domaine de ce qui apparaît actuellement comme de l'ordre de la réaction, domaine auquel les artistes prêtent parfois quelque attention, de manière à être toujours là lors des retournements posthumes de conjonctures. » Puis cinq jours plus tard, le 5 février 1933 : « Depuis que je suis rentré de Venise, je n'ai plus autant travaillé que les semaines passées : j'ai réussi de nouveau à chasser tout doute du processus engagé. Ceci étant, bien des choses se sont libérées qui allaient devenir des boulets. Tout a été liquidé. Il y a là quelques dessins qui traitent explicitement de

1. Robert Scholz, « *Kunstgöten stürzen* » (ébranler les idoles de l'art), *Deutsche Kultur-Wacht*, n° 10 (1933), p. 5.

2. Lettre de Klee à Grohmann, 31 janvier 1933 (provenance archives Grohmann).

déchets, d'autres sont des travaux plus réactifs, mais cela fait longtemps que cela n'appartient plus à mon ancienne manière réactive, bien que ce soit une sublimation de celle-ci, en quelque sorte plus raffinée, "impondérable", et c'en sont bien ici des exemples[1]... » C'est donc au moment où Sironi cessant de peindre s'inféode totalement au politique que Klee relègue la victoire de son art sur le politique à un avenir hypothétique et lointain, tout en dénonçant sa propre attitude comme une attitude de faux-semblants. Il est tout à fait singulier que Klee, qui en 1933 est encore en Allemagne, donne à sa réflexion de peintre et à son expression politique, le ton de l'exil, alors qu'il est loin d'en envisager encore réellement la nécessité. L'exil est donc dès la première heure un exil intérieur où l'œuvre devient la seule réelle patrie, le lieu d'une résistance intérieure, la seule façon encore d'être au présent. Klee dans un dessin de cette période ponctue l'œuvre de l'intérieur, un point d'interrogation dans *Impondérable* fait pencher la balance. Cette ponctuation précède d'une certaine façon les mots de l'alarme qui viendront. Elle est le signe de l'*épochè* où l'œuvre se décide. Klee désigne dans une lettre du 5 février ce dessin comme particulièrement décisif; l'œuvre alors se dépouille de tout ce qui n'est pas l'intuition donatrice dans laquelle elle a lieu, une donation coïncidant avec le trait et qui fait que tout ce qui pèse, alourdit l'œuvre, est levé : il ne reste que l'apparaître. *Impondérable* joue donc sous l'ambivalence du mot de ce qui ne pèse plus, n'est plus susceptible d'être mis en balance, aussi de ce qui survient, surgit sans s'être annoncé, l'apparaître comme tel, sa surprise. *Impondérable* penche sous le poids du point d'interrogation, sa levée est la clause de l'apparaître et le point d'interrogation l'exact instant de l'*épochè*.

Le 11 avril, le jour où la police perquisitionna au Bauhaus, une grande partie des étudiants déposa un mémorandum afin que le Bauhaus ne soit pas fermé, demandant d'être admis à la ligue pour la culture allemande, le *Kampfbund*. Cette requête ne fut pas prise en compte puisque peu de jours après le Bauhaus fut dissout. C'est vers une conciliation d'un ordre analogue que nombre d'écrivains et d'artistes se dirigèrent au cours du printemps 1933 afin que l'art moderne ne soit pas ostracisé par le nouveau régime.

1. Le terme est ici employé par Klee en français. Mot-titre d'un dessin que Klee considérait lui-même comme emblématique et quasiment contemporain de cette lettre. Paul Klee, *Impondérable*, 1933, 47,1 × 62,5 cm, Kunstmuseum, Berne, Paul Klee-Stiftung.

Cet essai de conciliation trouva un écho dans l'article de Bruno Werner[1]. Mais Rosenberg traça une frontière qui ne devait pas être franchie entre la « révolution » nationale et l'art moderne; en juillet 1933 dans un discours devant le *Kampfbund* à Berlin l'anathème paraît définitif; Hitler deux mois plus tard réaffirme à Nuremberg une telle position (on mesure bien alors que les deux régimes, nazi et fasciste, eurent des attitudes radicalement différentes en matière de politique culturelle, l'un refusant tout compromis avec l'art moderne là où l'autre l'acceptait). Cette politique trouva son aboutissement avec la grande exposition d'art allemand, le 26 juillet 1937 à Munich, suivie le lendemain de l'exposition de l'art dégénéré *(Entartete Kunst)* qui, en contrepoint, affirmait le triomphe du nouvel art allemand sur l'art moderne et l'élimination du second. À Munich, en juillet 1938, Hitler expliquait la raison de cette double exposition[2] : tirer un trait ferme, contraindre l'art allemand à adhérer à la nouvelle vie voulue pour lui et pour l'Allemagne. Un décret de Hermann Göring du 3 août 1937 annonçait la confiscation des œuvres d'art moderne dans les collections publiques. Cette mesure et l'exposition de l'art dégénéré ne pouvaient plus laisser la moindre illusion aux artistes, ni à ceux en exil ni à ceux qui n'imaginaient pas que leur travail eût une dimension politique, ni même à Emil Nolde, membre du parti nazi. Dans cette exposition Klee fut représenté par dix-sept œuvres : cinq peintures, neuf aquarelles et trois dessins. Et l'on mesura à quel point alors il avait été reconnu quand les mesures de confiscation entrèrent en vigueur puisqu'elles concernaient cent deux de ses œuvres qui étaient en possession des collections publiques allemandes. Dans l'ensemble de l'exposition les dix-sept œuvres étaient classées sous la rubrique « confusion et insanité ». Les cinq tableaux étaient *Der goldene Fish* (Berlin), *Umden Fish* (Dresde), *Rythmus der Fernster* (Stuttgart), *Mond über der Stadt* (localisation inconnue) et *Sumpf-Legende* (Hanovre),

1. Bruno E. Werner, « La renaissance de l'art », *Deutsche Allgemeine Zeitung*, 12 mai 1933, Berlin. Du 17 mai au 12 juillet 1936 : Exposition d'art national, l'art moderne en est exclu. Ainsi, Klee ne peut pas être reconnu dans sa propre ville. En revanche une exposition, que l'on peut interpréter comme une contre-exposition se tenait à Zurich du 13 juin au 22 juillet. Klee y occupera au côté de Le Corbusier et Arp une place centrale. Ce qui acheva de marquer Klee dans l'esprit des autorités bernoises, il n'obtint la citoyenneté suisse que le 19 décembre 1939 et fit la demande aux autorités bernoises le 15 janvier 1940, cette requête devait passer devant les tribunaux le 5 juillet 1940.

2. Communication de la Chambre du Reich chargée des affaires relatives aux Arts plastiques, 1er août 1938.

ce dernier était accroché sur un mur consacré au dadaïsme et les officiels du parti avaient voulu lire le titre comme la confession involontaire du peintre de son appartenance à cet art-marécage qu'ils dénonçaient. Nous reviendrons sur l'importance de ce thème dans l'œuvre de Klee, implicite mais décisive pour les dernières œuvres. Dans le catalogue de l'art dégénéré était également reproduite une œuvre de Klee intitulée *Die Heilige von inneren Licht*; elle était mise en parallèle avec une sainte Madeleine à l'enfant peinte par un schizophrène interné dans un asile : le commentaire présentait, condamnant les deux, la Madeleine comme ayant des traits plus humains; la *Lumière intérieure* était condamnée, en même temps que la proximité de l'art moderne avec les arts primitifs et ce que nous nommons aujourd'hui l'art brut. Nous n'avons aucun document nous permettant de connaître la réaction de Klee mais l'exposition coïncide avec une reprise intensive de son travail.

Dans une lettre de 1934 adressée à Will Grohmann, Klee note : « Le grand silence qui s'est instauré entre moi et l'Allemagne est trop sinistre pour être envisagé comme simple. Notre vie ici est calme et simple. J'ai de nouveau fait quelques peintures avec un tout *petit orchestre.* » Cette métaphore de l'orchestre ne quittera jamais la pensée de Klee : dans un titre-poème de la même année il écrit encore « *Ein Meister muss durch ein schlechtes Orchester* » (« un maître doit faire avec un mauvais orchestre[1] »). D'autres titres d'œuvres reprennent alors cette crainte; titre-poème pour Felix Klee : « *Heisser Ort zwischen Kreuz, Kreis und Dreieck* » (un lieu brûlant entre la croix, le cercle et le triangle). La situation de l'Europe devient la sienne, d'« égaré », d'exilé, que seule l'œuvre peut encore accueillir. « *Ein Negerkind versteht den Schnee nicht / Wenn die Soldaten degenerieren / Die klein WIRMNIR / Ein Meister muss durch ein schlechtes Orchester / Heisser Ort zwischen Kreuz, Kreis und Dreieck*[2] ».

Il existe peu de documents écrits par Klee lui-même à partir de 1933 et plus encore de 1935, il est donc difficile de reconstituer comment il se situe lui-même à l'égard de sa propre création. De nombreuses

1. Felix Klee, *Paul Klee Gedichte neue erwerterte Ausgabe*, Arche, 1960, Zurich, p. 94. Felix Klee choisit dans cette année un certain nombre de titres de tableaux, leur conférant la valeur de poème-phrases, les assemblant d'ailleurs comme s'ils constituaient un seul et même poème.

2. *Ibid.*, p. 94.

dissertations et recherches scientifiques relatives aux premières œuvres aident à reconstituer dans le détail l'évolution de son art avant la fin des années vingt. Le contraste est donc d'autant plus frappant. Contraste entre les journaux et « le legs pédagogique » que représentent *La Pensée créatrice* et *L'Histoire naturelle*, témoins de l'activité professionnelle de Klee au cours des années vingt, et d'autre part quelques poèmes, rares, rassemblés par Felix en recueil. On dispose également de rares lettres de famille et de courtes communications adressées essentiellement à Will Grohmann. Ces lettres contiennent en commentaires simples des indications sur les raisons de son émigration d'Allemagne et sur le début de sa maladie qui en 1936 entraîna l'arrêt provisoire de son travail. L'année 1936 compte seulement 25 travaux alors que le nombre des œuvres inscrites au catalogue répond à une moyenne d'environ 300 par an. Il est à noter que dès 1937 le nombre est de 263 et de mesurer l'accélération du processus créateur : 489 œuvres en 1938, 1 253 en 1939 et 366 travaux pour les quatre mois de l'année 1940.

Début mai 1940 Klee partit se reposer dans le Tessin où il mourut le 29 juin. Cette précipitation, cette course contre la mort est son propre et seul commentaire, à partir de 1937 on ne trouve plus ou presque pas de commentaires sur son œuvre ni sur sa maladie. Les rares poèmes prennent donc un relief singulier, les titres d'œuvres plus encore. À Berne Klee est très isolé, son amitié avec Will Grohmann fait exception mais Grohmann dans la monographie qu'il consacra à Klee a peu dit de leurs rencontres. Kandinsky présente fin 1936 une exposition à la Kunsthalle de Berne. Il y séjourna également du 17 au 21 février 1938; la visite qu'il rendit à Klee est à peine relatée par Lily, sans aucun commentaire, sinon que Klee vit l'exposition de Kandinsky la veille de sa clôture. Lily note laconiquement : « ce fut une grande joie pour lui » (Berne, le 15 mai, Lily Klee à Will Grohmann). Il y a aussi la visite relatée par Bernhard Geiser que Picasso lui rendit. Selon Geiser la visite eut lieu sans réel échange de points de vue[1]. Grohmann évoque une autre visite, celle de Braque en 1937, au sujet de laquelle il n'existe aucun témoignage. Deux événements extérieurs marqueront l'année 1939. Au printemps une exposition de l'art moderne

1. Bernhard Geiser, *Picasso rend visite à Paul Klee à Berne en 1937*, album de Berne édité par Verich Haldi et Peter Schindler, Berne, 1940, p. 41.

français montrée à la Kunsthalle : des œuvres de Gleizes, Laurens, Léger, Gris, Braque, trente Picasso, mais ce fut surtout la grande exposition de la collection du Prado montrée à Genève qui compta. Klee en fit deux fois la visite. Lily relate la seconde visite dans une lettre datée du 29 novembre adressée à Will Grohmann.
Ainsi donc dans le cadre de notre présentation en diptyque un déséquilibre considérable vient renforcer notre proposition : la masse des textes publiés par Sironi, la plupart programmatiques, et l'absence d'œuvres autres que murales ou monumentales; une absence de texte quasi totale pour Klee et une production accélérée par le sentiment de l'échéance.

Nous reviendrons sur les quelques poèmes écrits par Klee; une question reste centrale, celle de sa maladie, de la corrélation existant entre la création des dernières années et l'évolution de cette maladie. Il n'a pas été conservé de rapport concernant sa maladie et il n'existe, nous venons de le dire, ni lettre ni témoignage, encore moins un journal concernant l'évolution du mal, son lien à l'œuvre. L'œuvre seul et quelques poèmes parlent. Il faudrait imaginer de reconstituer étiologiquement l'évolution du mal à partir de l'œuvre, à partir de ce centre cristallin invisible : « cet endroit torride entre la croix, le cercle et le triangle ».
Les premiers symptômes de la maladie se manifestent à la fin de l'année 1935. Le médecin fit un diagnostic de rougeole. Après une courte amélioration l'état de Klee empira, l'on diagnostiqua alors une sclérodermie. Les lettres de Lily Klee à Grohmann, à partir de cette date, vont osciller entre l'inquiétude et l'étonnement devant l'acharnement de Klee au travail. De cette lettre du 2 décembre 1936, d'avant le diagnostic définitif : « comme sa peau ne remplit pas encore sa fonction on a procédé à un examen de sang et des échanges organiques afin de déceler chaux et phosphore. Les médecins affirment en dernière date que ce n'est pas la rougeole! Mais qu'est-ce alors? En tout cas, comme par miracle il est rendu à la vie », à cette lettre du 28 novembre 1939 : « mon mari a beaucoup travaillé cette fois même à Faoung (pendant les vacances au bord du lac de Morat). Le paysage est très stimulant pour lui », les lettres de Lily, laconiques, relatent cette relation mystérieuse qui s'établit entre la maladie et l'œuvre.
S'instaure alors entre l'absence de texte et l'œuvre un rapport où les dessins ont réellement fonction d'écriture, de lettre, de poème, il dessine le soir

comme l'on écrit ou tient un journal. Lily Klee note à ce sujet lorsque Klee se remet au travail : « il connaît à nouveau une de ses fortes époques créatrices. Une période où il dessine commence aussi. Il est assis le soir jusqu'à 11 heures et les dessins tombent par terre l'un après l'autre. C'est étrange il n'est toujours pas complètement guéri[1] ». Les dessins de cette dernière période ont bien la fonction de phrases, on peut aussi l'entendre au sens de phrases musicales dans le sens non pas de séries, mais plutôt dans celui d'un monologue impossible à interrompre où les signes sont comme les mots d'une intraduisible langue.

Dans une lettre à Felix le jour de son anniversaire le 29 novembre 1938 Klee écrit : « Mon cher Felix l'approche de ton anniversaire est l'occasion de l'année, qui m'incite à t'adresser quelques lignes écrites de ma main. Je suis moi-même tout à fait surpris, en regardant ma plume se tremper dans l'encrier, bien qu'elle semble appartenir à un porte-plume, et en la voyant courir sur le beau papier, tracer une écriture intelligible et non comme d'habitude des signes énigmatiques. Tu liras donc que je te souhaite de tout cœur du bonheur et que cette nouvelle année de ta vie t'apporte satisfaction et davantage encore. » Comme le constatait justement Jürgen Glaesemer le renversement de l'écriture et du dessin est patent[2]. Il est étrange qu'il ne note pas alors combien sont ambigus et intraduisibles à cet égard les très rares poèmes de Klee, ou plutôt les titres des œuvres. La langue poétique se veut alors dans l'ordre des mots l'analogue des dessins, l'effet visible intrinsèquement produit ressortit bien à une mise en espace. Le poème est parfois écrit comme il l'est dans l'espace du dessin mais pris entre d'autres mots comme hétérogènes à sa présence plus encore qu'il ne l'est dans les tableaux où au contraire Klee s'emploie à concilier les caractères du mot tracé et les lignes (c'est exactement le cas dans *Eile*). Dans le poème-titre en revanche la phrase visible quand on la lit en tant que dessin, s'entend surtout dans l'adéquation du son à une forme. Dans le poème-titre *Die kleine WIRMNIR*, Wirmnir écrit en majuscules a cette fonction[3]. On pourrait d'ailleurs, ne serait-ce pas une sorte d'hommage à

1. Lily Klee à Will Grohmann, Berne, le 28 juillet 1937.

2. Préface au catalogue raisonné des dessins de 1937-1940. Paul Klee, *Handzeichnungen III*, Berne, Kunstmuseum, Paul Klee-Stiftung, 1979.

3. « *Wirmnir* » : si l'on décomposait le néologisme de Klee en deux phénomènes virtuels, *wir* et *mir*, et si l'on supposait que le *n* renvoie à un *nicht* barré, on pourrait alors traduire ce titre par « nous sans moi ».

rendre à Felix Klee, lire ces titres de l'année 40 assemblés par lui comme un seul poème.

Simplex besucht Complex
Mme G. von Vorstand der Hetären
Eidola, weiland was ? Nur noch Schemen
Närrische Jugend ! Krieg ! Dort geht's los ! Trunkener
Vormarsch, kreisen ein !
Detaillierte Passion : auch Dürers Mutter.
MUMOM sinkt trunken in den Sessel.
Metamorphosen : « der Zusammenbruch der biblischen Schlange »

On entend enfin que le poème tout entier est constitué de titres d'œuvres – Felix compose à partir de titres d'œuvres ce poème[1]. *Weiland* est *Weiland was?* Ayant perdu sa clarté, son dessein : *Weiland Trinkerin, Weiland Esserin, Weiland Brutal, Weiland Philosoph, Weiland Samariterin, Weiland Pianist* (mains démantelées). Cette série des *Weiland* est celle des formes désarticulées, en perte d'elles-mêmes. Le poème-titre, celui-ci en particulier, permet d'atteindre ce que le dessin retenait, il est le déictique de ce désespoir qui attend alors sa forme parce que privé de son apparaître. Dans le texte composé par Felix sans dessin[2], le mot est la forme suprêmement déchue et singulièrement dans cette danse macabre des titres, de l'apparaître. On peut hasarder que dans une telle suite de titres, lus illicitement comme un seul poème, la langue poétique est la forme visible du retrait.

Le poème dans l'ordre des mots, les titres privés de ce qu'ils désignent montrent l'entrée dans la nuit, la nuit de l'histoire bien sûr mais aussi de l'angoisse et celle-ci se confond alors explicitement comme nous avons voulu le suggérer avec celle du retrait.

Retirer au dessin son titre comme Felix Klee le fait, l'isoler en tant que poème, titre-poème, poème-titre, c'est affirmer ce retrait de l'apparaître quand ne reste plus que le titre, ce qui désigne ce qui a disparu. Le titre alors isolé porte la marque de l'apparaître. Il est donc emblématiquement le mode du retrait. La plupart de ces poèmes-titres sont des titres d'œuvres

1. Lecture d'une certaine façon légitime puisqu'entre près de 400 titres, Felix en a choisi 8 pour les assembler, composant ainsi implicitement lui-même un poème à partir des titres-poèmes de son père, légitime aussi quoique de manière plus contestable, dans la mesure où la lecture n'est pas sans évoquer Gottfried Benn.

2. Titres où revient l'idée de ce qui est perdu, lointain.

appartenant à Felix : un dessin, *Detaillierte Passion : auch Dürers Mutter*, fait partie du fonds Klee du musée de Berne[1]. Ainsi il semble que Felix ait voulu comme constituer un poème de ces titres arbitrairement choisis. Le titre chez Klee vient toujours une fois l'œuvre accomplie, il est la fin de l'œuvre, phrase méthodiquement écrite (on retrouve bien ici la dichotomie trait/écriture) au-dessous du dessin numéroté et daté de la main même de Klee. Ainsi grâce à la volonté de Felix d'avoir voulu lire les titres seuls, sans leur apparaître et sachant que le titre était le final du dessin, nous mesurons qu'il est ici, isolé, le retrait en tant que retrait. Que ce que l'œuvre était en tant qu'apparaître portant son retrait en elle, le titre en garde la mémoire comme nous gardons en mémoire l'œuvre vue. Il en est la présence ici absente. Cette nuit est celle de la dernière métamorphose (le retrait en tant que disparaître), une nuit irreprésentable (les titres privés des dessins) qui succède à la nuit de la chute mais sans Orphée ni Eurydice, sans Ève ni Adam, seulement la nuit qui clôt, comme une porte se ferme, le poème. Celle de la chute, de la débâcle même du serpent de la Bible : « *der Zusammenbruch der biblischen Schlange* », le dernier titre-poème gardé par Felix Klee.

La chute, ou pour le dire en regard de l'apparaître le retrait, trouve son lieu métaphorique dans le poème-titre, dans les poèmes-titres de l'année 40 au plus haut point, mais aussi dans ceux de l'année 39 isolés par Felix Klee[2].

Sirene BE, legen müsstend
Stimme aus don Äther : « Und du wirst dich satt essen »
Kopf beim Anhören der Propaganda.
Madame van Honten-virn
Ein rekonstruierter Torso auf der Flucht
Mehr Vogel als Engel

1. N° 958 de la Paul Klee-Stiftung, catalogue des dessins.
2. *Ibid.*, p. 94.
L'alarme BE, il faut qu'elle cesse
Une voix venant du ciel : « et tu mangeras à ta faim » (comment ne pas penser aux conséquences cliniques de la sclérodermie; Kahnweiler relate que lors de son dernier déjeuner avec Klee, celui-ci ne pouvait quasiment plus rien avaler).
Tête à l'écoute de la propagande
Madame van Honten-virn (on peut imaginer que Klee qui n'est pas sans faire de gallicisme, désigne ici une des Mata-Hari de petite vertu qui fréquentent les mess des officiers).
Un torse reconstruit en pleine fuite
Plus oiseau qu'ange

Afin d'entendre l'alarme *BE* les majuscules indiquent le son, le font entendre mais le titre-poème seul ne peut pas parvenir à ce que peut le dessin et ce qu'il montre : le titre seul est plus oiseau qu'ange.
On notera que le nom symbolisant l'Europe tout entière gagnée par le nazisme est écrit en minuscule, il n'appartient pas au monde (même déchu), de l'apparaître.
Dans les dernières années le titre est bien devenu le lieu du retrait, la nuit à laquelle il ouvre en faisant succéder le texte à l'œuvre est la dernière arche avant la limite définitive. Le titre est le barrage, l'arrêt du cours, comme le mot parfois détourne dans le dessin le dessin de son cours. La comparaison avec le cours d'un fleuve se fonde dans les titres-poèmes mêmes, ceux de l'année 1937[1].

Ein Einbaum, über land spazierend.
Brückenbogen treten aus der Reihe.
Kriechendes und Baümendes. (1937)

Nous reviendrons sur l'image de l'arche du pont, comme sur celle de la barque taillée dans un tronc qui sinue d'un dessin à un autre. Elle est, nous aurons à le voir, l'élément propre de l'apparaître dans, par la ligne, liée à l'idée d'une vie organique vivante quand tout au contraire chez Sironi l'encryptement s'oppose à une telle figure de la circulation, qu'elle ait lieu sur le fleuve des enfers ou dans un marais.
Un poème de l'année 1938 existe pourtant seul en tant que poème, il manifeste ce jeu sur le langage où il s'avère que le poème est le lieu non pas de ce qui ne peut pas apparaître en œuvre, au contraire, mais une sorte d'équivalent, un apparaître réduit à sa première, immédiate, unique visibilité.

Allerhand und Bein	maintes jambes
Allerhand und Fuss	maints pieds
W Interesse N	W s'intéresse pour N
Bettelarm und reich	mendiant et riche
Eine Amme eingeschoben	une nounou glissée
zwischen KA und EL	entre KA et EL
Wobei das eine M dann	ou le M alors
Ruhig wegbleiben kann	peut tranquillement se planquer[2]

1. Une barque creusée dans un tronc à travers le pays.
2. *Ibid.*, p. 90.

Entre W et N, comme West et Nord, joue le mot *interesse* qui forme phonétiquement *Winter essen*. Ainsi donc joue, par l'entremise de la lettre isolée dans le poème, un effet équivalent à celui recherché par la lettre prise dans l'espace du dessin ou du tableau, un effet d'apparaître qui est cependant plus clairement affirmé en tant que retrait dans le poème, car à la seconde où l'intuition de l'image a lieu, elle est perdue, alors que l'œuvre garde l'hypothèse d'une intuition renouvelée, renouvelable. Ce que tout poème porte en lui d'apparaître-disparaître (sinon pourquoi relirions-nous des poèmes ?) se trouve chez Klee radicalisé en regard de l'œuvre peint, dessiné.

Ainsi *Kamel*, animal tout particulièrement aimé de Klee, se trouve écrit en trois temps, en trois lignes afin que le sens de l'apparaître dans lequel le mot a lieu, « chameau », devienne visible. Trois lignes quand une seule aurait suffi en un dessin. L'apparaître retarderait ainsi d'autant plus son retrait qu'il surgirait selon une énigme, ce qui nous permettrait de parler pour le poème d'apparaître au second degré, un apparaître qui doit remplir à lui seul la fonction de titre-poème, poème-titre et ne l'accomplit de façon plénière qu'en tant que titre, « bouclant » comme nous l'avions suggéré, l'œuvre. Achèvement dont l'équivalent phénoménologique pour le spectateur peut être le retrait.

En revanche les conclusions de l'analyse des textes de Sironi auront du mal à aboutir à un constat autre qu'historique ou psychopathologique.

Les textes n'existent donc pas sous le même mode. Pour Klee ils font partie de l'œuvre, pour Sironi ils l'« infirment ». Ils n'ont pas en eux-mêmes, même les poèmes, un statut équivalent aux œuvres. C'est pourtant selon ce biais que l'introduction biographique des deux artistes est à la fois la moins factice, la moins plate et celle qui laisse le plus visiblement comprendre ce qui fonde leurs œuvres et les oppose.

Sironi ne fut que très faiblement influencé par les propositions du futurisme : ce qui le fascine c'est bien une sorte de solitude sociale de l'individu dans la vie urbaine. Le futurisme était né comme une explosion et pour lui la vie urbaine entraînait l'homme moderne dans un mouvement continu. Au contraire pour Sironi la périphérie des grandes villes est le site d'une immense déréliction, l'individu a à jamais perdu la possibilité du dialogue serein que pouvait lui offrir la société paysanne. Désormais il est condamné à cette zone, la périphérie des villes, créant autour d'elle un désert construit et habité d'ombres. Il est très rare que dans ce monde de la périphérie un habitant soit représenté, un camion ou une automobile solitaire parfois la traverse. Même quand Sironi est proche du futurisme, jamais son œuvre ne coïncide avec une célébration de la machine ou une apologie du progrès. Les banlieues sont cependant riches en fascination dans un espace qui doit à l'espace métaphysique mais dans lequel rien ne semble pouvoir advenir sinon une solitude qui est cependant au-delà de l'époque. Sironi s'efforça toujours d'opérer une synthèse de la grande tradition du Moyen Âge italien avec les courants internationaux contemporains. Il se lia à Balla après avoir fait sa connaissance dans l'atelier de la Via Ripetta ; il y rencontra Severini et Boccioni qui devinrent ses amis. L'autoportrait de 1913 était influencé par Boccioni[1] mais très vite

1. *Autoritratto*, 1913, 52 × 49 cm, huile sur toile, Museo del Novecento, Milan.

Sironi traversa le futurisme, lui ajoutant certains acquis de la peinture métaphysique, gardant toujours comme référence les peintres et sculpteurs du Moyen Âge compris non pas comme les initiateurs de la réalité mais comme des constructeurs travaillant à un même dessein. Sironi réfute en fait à la fois le chaos dynamique des futuristes et les perspectives contrariées des spéculations de de Chirico, la solitude qu'il vise n'est pas celle analogue à la solitude des signes voulue par de Chirico mais une solitude dans un espace construit par une perspective et en même temps clos par elle. Dès avant 1920 dans la série des périphéries il transpose un drame atemporel dans le site neuf qu'est la banlieue, celle-ci est alors plus qu'un décor, le site moderne et privilégié du drame sans acteur visible (tout au contraire des paysages que Sironi peindra plus tard où les acteurs seront présents mais la nature réduite à un archétype accordant les gestes immobiles des acteurs à sa propre et atemporelle immobilité). Cette réalité est alors une réalité prise en elle-même, un monde au-delà de l'apparaître où rien ne peut advenir, ni apparition ni présence. Tout est joué, tout est prévu, toujours même et immense, hors du temps et le présent y est pétrifié, coincé entre un passé sans date et un avenir sans issue.

Avant la Première Guerre mondiale Sironi avait été avec Boccioni à Paris et en Allemagne, il est néanmoins difficile de mesurer l'influence de l'expressionnisme allemand, comment il coïncida avec ses propres recherches. Lors de ces voyages rien de l'impressionnisme français ne le retint, seulement quelques propositions des cubistes. Dès les premières œuvres, Sironi privilégia les couleurs à la fois assourdies et sombres, sculptées par les effets de lumière qui sont dus à l'intention de l'artiste, un projecteur a-temporalisant en les marquant de gravité les sujets abordés. Les peintres du Brücke, du Blaue Reiter n'eurent en tout cas aucune influence sur sa palette. En 1922 Sironi est l'un des fondateurs du groupe milanais des sept peintres modernes que l'on nommera plus tard le Novecento. Ce groupe ne possédera jamais de poétique propre et il ne se fondera jamais sur des prémisses stylistiques claires. Il naquit d'une sorte de position éthique commune et comprit des artistes ayant des attitudes radicalement différentes. Il est assez logique que, dans le climat du fascisme, ce groupe ait été accueilli comme tendance officielle à laquelle s'opposèrent à partir de 1930 d'autres groupes qui n'avaient pas plus d'unité formelle : le groupe romain de Scipione et Mafai, le groupe des Six à Turin, les Chiaristes en

Lombardie et le groupe Corrente. L'idéologie fasciste, sa thématique de la terre natale, son culte du héros et autres thèmes offrirent au Novecento un *substratum* fécond. Dans ses textes et autres témoignages toute l'attention de Sironi se concentre sur la peinture murale, la constitution d'un espace selon une relation secrète entre architecture et peinture. Il est loisible de lire cependant dans sa peinture de chevalet une volonté analogue de constituer un espace à l'intérieur de cet espace (le tableau) qu'il juge désormais radicalement inadéquat.

Tout au contraire des peintres du retour à l'ordre, Sironi a développé sans trêve l'hypothèse d'un espace qu'il voulait singulier et radicalement lié à l'architecture, condamnant ainsi le tableau de chevalet quand les peintres du retour à l'ordre s'y enfermaient, y gardant en otage une thématique et une volonté antimoderniste. Sironi eut une activité de sculpteur bien que la plupart de ses sculptures aient été exécutées d'après ses dessins par d'autres. Le grand bas-relief, *Le peuple italien*, pour le Palazzo dei Giornali, créé vers 1941-1942[1] montre au-delà de l'expression nationale le projet de Sironi présent dans de nombreuses esquisses et même dans des œuvres de chevalet autonomes (qu'il faut alors lire comme préparatoires à une telle problématique). Un cloisonnement de l'espace ici effectif et réalisé en creux qui peut être aussi interprété comme l'expression stylistique de la grandeur et de la solitude de chaque figure, à la fois isolée dans un tel contexte et « mise en relief » par lui.

Un tel bas-relief renvoie non seulement au dessin mais à certains tableaux où l'épaisseur de la matière est creusée, cloisonnée par le trait incisif et précis, l'effet de juxtaposition et de montage (dont nous aurons à montrer qu'ils sont les moyens techniques de mise en œuvre, dans l'espace de la mélancolie sironienne).

Ce qui fait cependant l'originalité du Novecento par rapport à la peinture métaphysique et au futurisme tient à ceci que ces deux derniers mouvements se posaient le problème de la peinture comme telle alors que pour le Novecento la question de la peinture fut posée dans sa spécificité italienne. Il y a chez Sironi une volonté de penser le présent selon le modèle de l'histoire tout en éprouvant en même temps un profond sentiment d'exil de ce présent : les motifs du passé en apportant des solutions plastiques ancrent le présent dans son absence.

1. *Il populo italiano*, bas-relief, façade du Palazzo dei Giornali, Milan.

Certaines œuvres sont construites de manière analogue à une façade romane (*La caduta o la notte* de 1933[1]) et la surface de l'œuvre ajoute à l'effet de construction un effet de mur, d'usure propre à une façade, de suie et de poussière d'un temps étrangement urbain qui aurait sali la surface du visible en lui conférant paradoxalement une charge d'éternité supplémentaire. L'œuvre n'est explicitement peinte ni pour la galerie, ni pour le collectionneur, pas même pour le musée, elle ne peut être comprise qu'à partir de cette présupposition qui la pose comme ébauche du projet, de la pensée d'un espace construit, public, architectural, singulier.

Bien qu'aujourd'hui Sironi soit connu essentiellement à travers ses peintures et ses dessins, il avait conquis sa notoriété comme caricaturiste, critique et organisateur d'expositions et surtout comme peintre mural. Son but était de dialectiser la différence entre la culture d'élite et la culture quotidienne, but qui s'orientait vers les intérêts du régime, lequel cherchait à gagner l'appui des masses quand Sironi cherchait de son côté à créer un style fasciste. L'argumentation de Sironi trouve sa formulation la plus exacte en 1932 : *La Mostra della Rivoluzione fascista* à Rome qui reposait sur le prototype fourni par El Lissitzky à Cologne. L'expression plastique architecturale venait d'éléments fournis à la fois par le constructivisme, le dadaïsme et le futurisme. Pour Sironi la volonté de puissance ne pouvait trouver de forme d'expression que dans un art de « déformation ». En fait l'idée de déformation stylistique, anathème pour le national-socialisme, représente une proposition centrale dans le programme de Sironi pour un art fasciste ; il n'est donc pas surprenant que lors de son voyage à Düsseldorf il louât les statues équestres de Edwin Scharff qui jalonnaient le boulevard central de l'exposition. L'œuvre sculptural de Scharff et son nom furent d'ailleurs condamnés la même année lors de la tristement célèbre exposition de l'art dégénéré. La prise de position de Sironi est emblématique non seulement comme attitude personnelle mais comme marquant la différence essentielle entre la politique culturelle des deux régimes. Peu après son accès au pouvoir en 1922 Mussolini annonçait que rien n'était plus loin de lui que de favoriser un art étatique et même plus tard, Mussolini ne cautionna jamais un style artistique officiel, malgré les tentatives réitérées

1. *La caduta o la notte*, 1933, 200 × 126 cm, technique mixte sur papier toilé, collection particulière, Milan.

d'intellectuels et de politiques. Il n'y eut jamais en Italie d'exposition de l'art dégénéré et il n'y eut pas de persécutions d'artistes jusqu'aux lois raciales de juillet 1938. Le parti fasciste mit en place un système ambigu de censure et de tolérance ; les débats stylistiques avaient lieu entre critiques et artistes tandis que les « orientations » stylistiques comme le rationalisme, le néoclassicisme, etc. étaient soutenues d'une façon égale par l'État. Avant que le pacte d'acier ne soit conclu l'avant-garde et le régime se trouvaient dans un rapport tacite, marqué de fausse tolérance et de soutien. Lors de son discours d'ouverture de l'exposition du Novecento en 1926 Mussolini avait affirmé la position équivalente des politiciens et des artistes, exigeant des artistes qu'ils quittent leur « tour d'ivoire » et donnent forme à la « glaise des masses ». Le répertoire rhétorique de l'art fasciste, développé par le ministre de la Propagande de Mussolini, le philosophe Giovanni Gentile, correspondait à cette double position : il requérait une séparation stricte des domaines d'activité des travailleurs et des intellectuels et en même temps la subordination des deux groupes au bon vouloir de l'État. Les intellectuels devaient incarner une volonté collective et la conception de Gentile de construire un état moral représenta, dans la première décennie du fascisme, un argument de séduction pour de nombreux artistes. Le décours de la carrière de Sironi reflète en fait le succès limité de la politique culturelle de Mussolini, son échec même pour autant qu'elle se bornait à un endoctrinement des masses. Aveuglé par sa fidélité à Mussolini, bien qu'opposé à l'appareil du parti, Sironi s'égara dans cette idée et fit sienne cette erreur. La sûreté idéologique dans l'œuvre de Sironi, cette conviction personnelle que l'œuvre doit servir les buts du politique sont incontestables et aucun artiste n'a consacré autant son énergie à servir cette idéologie, celle d'une individualité se mettant au service d'une création collective. La collaboration étroite avec *Il popolo d'Italia*, le journal fasciste organe de presse officiel de Mussolini, en témoigne. Jusqu'à la création du ministère pour la Culture du peuple au milieu des années trente, Mussolini avait organisé sa propagande avec l'aide des organes de presse nationaux et nombreuses de ses campagnes avaient été menées grâce au *Popolo d'Italia.* Sironi travailla de 1921 à 1943 comme dessinateur en chef de ce journal. Il y développa un style graphique volontairement accessible. Pendant les années vingt Sironi avait concentré toute son énergie sur ce travail de propagandiste. C'est précisément en 1932 avec *La Mostra della*

Rivoluzione fascista que cette activité atteint son acmé, elle démontrait quel usage public efficace le fascisme pouvait faire de la modernité. Sironi peut donc être considéré comme le prototype de l'intellectuel fasciste transgressant la frontière entre la culture d'élite et la culture de masse. Une différence nette existe pour lui entre le domaine de l'exposition politique et les arts traditionnels, entre l'éphémère et l'incarnation durable du fascisme. Ainsi Sironi rejeta la peinture de chevalet comme le système économique lié à elle en tant que reste d'une culture bourgeoise qui devait devenir anachronique.

À la fin des années vingt aucune exposition particulière n'avait pu se cristalliser comme étant celle du régime, les expositions étatiques étaient plutôt caractérisées par leur éclectisme et un naturalisme grandissant. Sironi stigmatisait de son côté le marché avide de « nouveau », l'art pour Sironi devait être un combat incessant contre la classe bourgeoise et la médiocrité « démocratique » selon laquelle l'art serait l'expression d'un territoire privé. Sironi devint le prophète d'une hiérarchie des diverses orientations stylistiques qui devaient être dominées par une austérité esthétique soumise aux intérêts supérieurs de la collectivité. L'attitude antibourgeoise de Sironi ne peut être considérée comme un exercice rhétorique. Elle est visible dans son éthique et dans son œuvre : indifférent aux mécanismes du marché il renonça à la fin des années vingt à la vente de ses propres œuvres dans des galeries privées, il ne livra que des peintures anciennes ou des études pour des expositions conçues pour l'État. On peut d'ailleurs lire comme le fait Emily Braun[1] la palette particulièrement sombre de ces œuvres, cette couleur quasiment industrielle comme un affront délibéré à la peinture de salon, aux œuvres susceptibles d'être collectionnées. Le fait qu'il se sentît à la fois uni profondément au peuple et qu'il pensât que le peuple pût se soumettre à une élite cultivée trahit le paradoxe fondamental de son art et de sa conviction politique. Son ami le sculpteur Arturo Martini exprimait ce paradoxe ainsi : « Sironi croyait être fasciste, cependant au fond de son âme il était bolcheviste[2]. » Il pensait qu'un art fasciste ne pouvait se développer que dans des œuvres d'art

1. Emily Braun in *Die Gestaltung eines Koltektiven Willens*, catalogue Kunsthalle de Düsseldorf, 1988, p. 40.

2. Arturo Martini cité par Paolo Baldacci, *ibid.*, p. 15.

monumentales commandées par l'État et planifiées en rapport avec une architecture monumentale et publique et des espaces conçus pour elle, une sorte d'œuvre d'art totale et urbaine. Il concentra pendant les années trente son énergie sur les mosaïques, les bas-reliefs et les peintures murales qui témoignaient de l'idée d'un État où étaient célébrés à la fois le monde du travail et le monde du travailleur. La nouvelle exigence d'atteindre un consensus et d'étendre son idéologie contraria en fait cette conception radicale ; ce qui distingue la prise de position de Sironi des autres attitudes est sa rigidité accordant un privilège absolu à l'expression. Le style devait pour lui naître de la disposition spirituelle du peuple en tant qu'expression de son environnement et de sa situation historique ; il condamnait à la fois la banalité du réalisme socialiste et la sentimentalité des courants historicisants.

Dans un article concernant le pavillon soviétique à la biennale de Venise en 1934 Sironi regrettait l'absence des constructivistes et remarquait l'appauvrissement d'un art qui s'était transformé en « un réalisme prosaïque de peintre de calendrier[1] ». L'idée d'un art populaire pour Sironi ne contenait ni un réalisme pédagogique ni une abstraction radicalisée mais une sorte de primitivisme qui pouvait seul gommer les différences de classes et les différences régionales. Il fit porter ses préférences sur l'art étrusque et l'art roman comme plus proche du peuple et de ce fait comme des formes d'expression plus originaires. Dans une série d'articles sur les mosaïques byzantines et la sculpture des cathédrales au XIIe siècle, Sironi interpréta les modèles qui n'étaient pas donnés comme des archétypes. Il se heurta toujours à l'hostilité de Farinacci mais en 1931 il construisit le grand vitrail *Il lavoro*[2] pour le ministère des Corporations ; en 1932 il fit l'esquisse de deux bas-reliefs pour le palais des syndicats des corporations à Milan réalisés par Giuseppe Vaccaro et Marcello Piacentini ; la même année il créa les éléments graphiques et spatiaux de *La Mostra della Rivoluzione fascista* à Rome ; en 1938-40 il conçut les peintures à l'huile *L'Agricoltura*

1. Extrait de l'article « *Pittura in mostra* » (*La Rivista italiana del Popolo d'Italia*, juillet 1934), *in* Mario Sironi, *Scritti editi e inediti*, Milan, Feltrinelli, 1980, p. 168.

2. *Il lavoro*, vitrail, partie centrale, 10 × 4,35 m, les 2 parties latérales 10 × 1,50 m chacune, réalisé en 1932 par P. Chiesa dans les ateliers Fontana-Arte à Milan, pour le ministère des Corporations, devenu maintenant ministère de l'Industrie.

et *L'Architettura*[1] pour le bâtiment des postes à Bergame. En 1933 eut lieu la cinquième triennale de Milan au directoire de laquelle siégeaient Sironi ainsi que Gio Ponti et Carlo Alberto Felice, laquelle se tint sous le signe de l'architecture et de la peinture murale. Sironi érigea six arcs de pierre en enfilade devant le Palazzo dell'Arte construit par Muzio. Ainsi était réalisé dans l'espace idéal pour Sironi ce motif que toute sa peinture antérieure entre 1920 et 1930 avait mis en scène, créant une perspective réelle, égale à celle construite dans les tableaux, mais trouvant, au sortir du Palazzo dell'Arte, son point de fuite effectif, sa mesure sans contrainte. Cela permet de mieux comprendre pourquoi et comment les perspectives dans les tableaux de chevalet semblent à ce point contraintes, vouées à leur obstacle : le fond de la toile. Sa contribution la plus importante et la plus contestée fut l'espace d'exposition lui-même qu'il avait confié à différents peintres contemporains parmi lesquels Carrà, de Chirico, Depero, Funi, Prampolini, Savinio et Severini, et à des sculpteurs, notamment à Arturo Martini; cet espace leur était confié pour y réaliser une œuvre d'art totale et plurielle. Sironi lui-même, en plus du travail de « chef d'orchestre » créa dans les salons d'honneur une peinture murale allégorique de dix mètres de haut : *Il lavoro o le opere e i giorni*[2].

En 1934 il organisa une salle de l'exposition de l'aéronautique italienne qui eut lieu de nouveau au Palazzo dell'Arte : ainsi le motif de l'avion, si présent dans les premières œuvres, trouvait son accomplissement dans cette réalisation comme si le motif n'avait en fait, en tant que thème, que transité par l'œuvre de chevalet avant de trouver sa vraie expression dans une telle mise en scène[3]. Un an plus tard il achevait la fresque *L'Italia fra le arti e le scienze*[4] (dix mètres de haut sur vingt mètres de long) pour la grande cour que Piacentini construisait dans la cité universitaire de Rome.

1. *L'Agricoltura* et *L'Architettura*, huile sur toile, 1938-40, 3,50 × 3,50 m chacune, réalisées pour le bâtiment de la Poste centrale à Bergame où elles sont restées jusqu'en 1972; après avoir été décrochées pour être restaurées et présentées dans la grande rétrospective de 1973 au Palazzo Reale de Milan, elles furent transférées à Rome où elles se trouvent encore.

2. *Il Lavoro o le opere e giorni*, peinture murale, 1933, 10 × 11,10 m. Œuvre démolie en 1934 pour faire place à une nouvelle installation.

3. Exposition de l'aéronautique italienne au Palazzo dell'Arte de Milan (juin-octobre 1934). Sironi installe la salle consacrée à l'aviation pendant la guerre de 14-18.

4. *L'Italia fra le arti e le scienze*, fresque, 1935, 10 × 20 m, Rome, Cité universitaire, cour de l'amphithéâtre.

C'est à nouveau un an plus tard qu'il conçut *L'Italia corporativa* ou *L'Italia ricostruttice*[1], une mosaïque qui fut d'abord montrée dans le pavillon italien de l'exposition universelle de Paris et plus tard qui fut au siège principal de *Il popolo d'Italia* à Milan. En même temps il créa la mosaïque *Giustizia fra la Legge e la Forza*[2] pour le palais de justice de Milan qui avait été construit par Piacentini. Quand en 1937 il visita la section italienne de l'exposition de Düsseldorf, il peignit aussi *L'Italia, Venezia e gli studi*[3] dans la grande cour de la *Ca'Foscari*. En 1938 il réalisa le vitrail *Annuciazione*[4] pour la chapelle de l'Ospedale Maggiore di Niguarda. En 1939 il commença un travail en commun avec Muzio au nouveau siège de *Il popolo d'Italia* à Milan. Pendant et après la guerre il travailla de nouveau à des tableaux et des dessins mais en ayant le sentiment de trahir un idéal qu'il ne pouvait plus poursuivre.
Au cours de l'automne 1937, Sironi commenta en tant qu'envoyé de la presse officielle fasciste la grande exposition de Düsseldorf consacrée au travail et à la production du peuple ; son compte rendu parut dans le numéro de novembre de la *Rivista illustrata del popolo d'Italia* ; ce fut pour lui une occasion de mettre en rapport les conceptions esthétiques italiennes et allemandes qui depuis l'axe Rome-Berlin fondé politiquement en 1936, auraient pu sembler *a priori* proches. Sironi dans cet article s'efforça d'être « diplomate » à tout prix, louant la précision de l'organisation allemande et la puissance de la région industrielle du Rhin mais on pouvait lire en creux une critique implicite. Il évita l'exposition de l'art dégénéré.

Bien que Sironi ait été un grand admirateur de la culture allemande, ses conceptions de l'art fasciste se distinguaient sans équivoque de l'esthétique nationale-socialiste. Ses écrits contiennent de fréquentes remarques contre « l'art nordique ». En 1933 lorsqu'il fut le directeur artistique de la cinquième triennale il passa commande à quelque trente artistes, entre autres Muzio, pour décorer le Palazzo dell'Arte à Milan, concrétisant ainsi

1. *L'Italia corporativa o l'Italia ricostruttrice*, mosaïque, 1936, 8 × 12 m, Palazzo dei Giornali, Milan. Elle fut exécutée par l'atelier Salviati à Venise.

2. *Giustizia fra la Legge e la Forza*, mosaïque réalisée par la Bottega del Mosaico à Ravenne, 1937, 3,50 × 5,65 m, Milan, cour d'assises du Palais de Justice.

3. *L'Italia, Venezia e gli studi*, fresque, 1937, 3,35 × 6,40 m, Venise, Université, faculté d'économie (Ca'Foscari).

4. *Annunciazione*, vitrail, 1938, 4,70 × 4,80 m, Milan, chapelle de l'Ospedale Maggiore di Niguarda.

son idée d'une intégration artistique dans un espace public. Cet événement fut le catalyseur d'un des débats les plus vivants de l'histoire du régime. Pour la seconde génération fasciste l'art de Sironi présentait le caractère limité d'un classicisme rénové ; des attaques infiniment plus violentes vinrent d'un groupe extrême du parti mené par le ministre Roberto Farinacci. Dans le journal de Farinacci, *Regima fascista*, les peintures de Sironi étaient commentées à force de sarcasmes, le surnommant « le peintre des grands pieds » ; pendant la campagne à la fois antimoderne et antisémite qui suivit quelques années plus tard, il fut accusé de faire « un art juif ». La controverse autour de ses peintures murales atteignit un point tel qu'elle requit l'arbitrage de Mussolini ; Farinacci de son côté dirigeait son propre forum destiné à incarner sa conception de l'art fasciste : le *Premio Cremona*. Cette exposition annuelle montrait des travaux de commande reflétant l'idéologie fasciste en l'illustrant de la manière la plus plate et la plus démagogique. L'échec de Sironi pour imposer un « art fasciste » publiquement reconnu était moins une conséquence d'une différence d'opinions qu'un changement de dispositions de la politique culturelle du régime. Mussolini toléra la multiplicité des tendances stylistiques, son intérêt de fait reflétait l'utilité limitée de telles œuvres à l'intérieur du dispositif de propagande fasciste. En 1934 l'idée d'un interventionnisme des intellectuels fut remplacée par l'instauration « pratique » d'un ministère pour la Culture du peuple. L'appropriation des arts plastiques dans l'optique d'un consensus social n'était en fait que peu de chose en regard de l'efficacité d'autres outils de propagande. Le MINICULPOP, comme on le nomma, était *mutatis mutandis* l'équivalent du ministère de la Propagande de Goebbels et devait fatalement reléguer les ambitions de Sironi. Il est assez paradoxal et néanmoins historiquement plus qu'explicable que ce projet d'un art fasciste ait été amoindri par la politique culturelle pluraliste et opportuniste du fascisme. Les peintures murales eurent un pouvoir limité. Il s'agit d'interpréter ce décalage, ou cette inadéquation, comme une incompatibilité avec la propagande fasciste conçue par Farinacci et orchestrée sans réelle position esthétique par Mussolini.

Le projet d'art mural de Sironi, au détriment de son œuvre intime, porte en fait, et en son sein, sa contradiction propre. Cette volonté de rendre commune l'œuvre l'a pétrifiée, pétrification réelle doublant celle, métaphorique, des allégories, la condamnant en somme à perdre ou à stratifier ce qu'elle avait su réinventer, redécouvrir, la condamnant à n'être plus que l'image d'elle-même, donnée à voir en grand, comme si ce peuple fasciste pour lequel Sironi travailla était devenu une entité homogène, un individu collectif en somme, par son italianité même et son héritage, insubstituable.

Il est tout à fait remarquable de mesurer dans les textes de Sironi ce glissement d'une mélancolie où se mêle très souvent le sentiment d'une fin de la peinture aux textes où il se situe en thuriféraire du régime. Passage notable dans les textes qui coïncident exactement avec l'abandon de la peinture de chevalet. De cette note très générale manifestant son scepticisme : « l'art [...] déformation ultra-grotesque de primitifs sauvages, marionnette chargée de cauchemars quelle idole[1]... » (environ 1917-1920), jusqu'aux déclarations les plus grandiloquentes, nous pouvons relater en regard des textes cette évolution. Dans une lettre à sa femme en 1923 Sironi se met lui-même en scène : « Parfois, quand je suis dans la rue, je me sens envahi par la douleur et la colère en pensant que tu es loin de moi et que je ne peux rien demander, ni à Dieu ni aux hommes, qui puisse me réconforter et me délivrer de mes terreurs; je me mets alors à courir en bousculant les passants, les poings serrés, en claquant des dents, tandis que le sang me monte à la tête. Que j'ai couru, hier soir sans rien voir, tout seul dans les rues[2]... » Il est très remarquable de noter que Sironi est alors littéralement l'habitant de ses œuvres, du monde qui règne en elles. La ville, les périphéries sont bien le décor de sa mélancolie; une mélancolie que l'on retrouve en filigrane dans les textes. Dans ce texte contre la peinture de paysage aux environs de 1930 : « la peinture de paysage est un obstacle au développement de la vraie, grande peinture figurative. La peinture de paysage est "femme" et, en tant que telle, elle ne peut que ramollir le goût et donner lieu à des solutions ambiguës qui titillent les sens et qui aiguisent le plaisir, le caprice, la fantaisie, l'esprit, la mélancolie et les romantismes en tout genre[3]... » La mélancolie est bien alors littéralement vécue comme haine de soi – *in odio esse.* Haine de soi et de ce que l'œuvre présente qui devient haine de l'œuvre présente. L'on retrouve par ailleurs

1. Archives A. Sironi, autour de 1917-1920, in Mario Sironi, *Scritti editi e inediti*, p. 269.
2. Archives A. Sironi, 1923, *in* Mario Sironi, *Scritti editi e inediti*, p. 273. Cette lettre avait déjà été partiellement publiée en 1966 par R. De Grada.
3. Archives A. Sironi, autour de 1930, Mario Sironi, *Scritti editi e inediti*, p. 276.

l'anathème jeté par les futuristes contre la femme, Marinetti ne parle-t-il pas dans le premier manifeste de « mépris de la femme »? Mais quand Sironi reprend cette comparaison il est très paradoxal que cette femme qu'il stigmatise si violemment nous la retrouvions figure centrale de tant d'œuvres, et précisément de l'année 1930 : *Nudo con albero, Figura e lago, La fata delle montagna*[1], œuvres de formats réduits qui sont des « Paysages » dominés par une figure de femme, sur le statut de laquelle, dans l'œuvre, nous reviendrons.

La contradiction entre texte et œuvre est magistrale, notable, et est le symptôme de la mélancolie du peintre, de la haine de soi, identifiée à l'œuvre de chevalet. Cette mélancolie visible dans une telle contradiction est plus explicite encore que celle clairement lisible dans un poème de la même année où viennent s'entremêler l'ensemble des « thèmes sironiens ». Écrit comme un tableau de chevalet serait peint, il est bien le symptôme que l'œuvre est à cette date son propre contre-projet. Sironi décrit ici le paysage qu'il peint ailleurs et très singulièrement en cette année 1930. Et l'on ne peut qu'être frappé par la netteté avec laquelle est affirmé que cette mélancolie est « plus glaciale encore que la terreur ». Elle est bien cette *Grundstimmung* qui intone l'œuvre au même titre que l'angoisse pour Klee après 1935. Mais cette tonalité si évidemment vécue comme originaire est ici accomplie dans l'œuvre mais refusée dans le projet, ce projet qui est bien à entendre alors au sens le plus artificiel. Et le silence du poème contraste d'avance avec le ton bavard et sentencieux du tribun des textes politiques.

> Ainsi la lumière s'éteint / l'âme chancelle / sous les terribles coups / j'erre à travers ma vie / triste et égaré / visions / sur des lacs d'émeraude / gigantesques bastions / de rochers surplombants / [...] Gouffre / sombre et menaçant / où le cri se précipite et se / perd en rebondissant / sombre et terrible / dans la profondeur inconnue / rugit sinistre la terreur / ... Dans le gouffre spectral et immobile / deux aigles / Un cri aigre et sinistre / qui rend le silence plus profond / plus glacial encore que la terreur. / [...] (*Malédiction*, environ 1930[2]).

1. *Nudo con albero; Figura e lago; La fata della montagna* (80 × 60 ; 75 × 63 ; 100 × 90 cm).
2. Archives A. Sironi, in Mario Sironi, *Scritti editi e inediti*, p. 278.

Cette tonalité nous la retrouvons dans un poème de 1933 où le thème du lac et celui toujours présent au second plan de la femme, reviennent, synonymes de silence. Ce lac n'est pas même l'eau noire et stymphalisée de certaines visions de peur mais, pire encore, l'eau lisse et minéralisée d'un monde entièrement sans vie. « Petite fée / dans le ciel d'orient / une barque / pour enfants / et moi, qui regarde / triste / jeux, jouets / enfants et caresses / arbres allées / vert tendre / branches plantes fragiles / et soleil tiède / qui allonge sa / main pâle et / dorée jusqu'à / serrer mon cœur, / ciels de pays / pleurs / gouttes de rosée / sur les branches / sur le lac / matins / d'un monde défunt / le lac, le silence / et les ombres qui / passent et me dévorent / … » (*Retourne à tes rêves chéris*, 5 décembre 1933[1]).

Ainsi les seules présences qui hantent cet espace ne sont que des ombres, ombres inassignables à une forme vivante, ombres de la mélancolie, « ombres de l'objet tombant sur le moi » mais aussi ombres créées par l'intentionnalité même, qui, négligeant l'objet, est couverte par le silence de l'ombre qu'elle a produite.

Quel contraste avec ce texte du début de 1932 puis avec celui de cette année 1937 que nous reproduisons l'un après l'autre. Le poème est chronologiquement entre ces deux textes. Mais entre les deux le projet opercule la mélancolie, interdisant l'œuvre.

> Le retour à la peinture murale est synonyme de retour à la tradition italienne, à laquelle nous ne pouvons nous rattacher concrètement aujourd'hui, bien que nous soyons souvent attirés par sa modernité et que nous devinions l'élan puissant que son exemple et sa discipline pourraient donner à l'art moderne. Par peinture murale nous n'entendons pas, tout simplement, l'agrandissement sur une surface plus étendue de tableaux que nous avons l'habitude de voir en petit format… Il s'agit, au contraire, de poser de nouveaux problèmes d'espace, de forme, d'expression et de contenu lyrique, épique ou dramatique ; et de concevoir, en même temps, de nouveaux rythmes, de nouveaux équilibres et un nouvel esprit constructeur, capable de redonner à l'art cette signification que le triomphe nordique a détruit (extrait de « *Pittura murale* », *Il popolo d'Italia*, 1er janvier 1932[2]).

1. Archives A. Sironi, in Mario Sironi, *Scritti editi e inediti*, p. 283, Ce poème, écrit derrière un arrêté du Podestà (préfet sous le régime fasciste) de Milan du 5 décembre 1933, serait donc postérieur à cette date.

2. In Mario Sironi, *Scritti editi e inediti*, p. 111. Cet article, repris par la revue *L'Arca* en avril 1932 et, ensuite, par *Domus* en mai avec une introduction de Gio Ponti, constitue la toute première formulation d'un concept qui devait être à la base de l'œuvre de Sironi dans les années à venir.

> Cette peinture murale correspond à un grand élargissement des limites picturales auxquelles les modernes ne sont pas habitués... Au lieu d'être concentrée et circonscrite, la peinture envahit le mur ! C'est un aller-retour sans cesse renouvelé qui finit par revenir au point de départ après chaque variation... La peinture des Italiens vient directement de la fresque, dans ce sens que non seulement elle élabora certains éléments, déjà définis, de la fresque, mais aussi qu'elle suivit toujours les lois et les vérités plastiques et expressives du grand tableau mural... » (extrait de « *Affreschi nel battistera di Castiglione Olona* [fresques du baptistère de Castiglione Olona] », *La Rivista illustrata del popolo d'Italia*, décembre 1937[1]).

Il est confondant d'observer comment Sironi par un détour d'histoire de l'art, douteux, récupère sa propre peinture pour la nier, la réfuter et inscrire son projet dans une tradition. La réfutation est une réfutation de fond, totale, sans appel : « par peinture murale nous n'entendons pas, tout simplement l'agrandissement sur une surface plus étendue de tableaux que nous avons l'habitude de voir en plus petit format[2] ». L'œuvre de chevalet est niée, condamnés les tableaux antérieurs. L'analyse clinique de ce retournement n'est évidemment pas notre objet mais il est impossible de ne pas noter que psychopathologiquement nous sommes ici en présence de deux phases, l'une de mélancolie extrême, l'autre d'agitation symétrique opposée et niant la première. Le fascisme est le visage, la grimace de cette négation. Sironi écrit ce qu'il ne fit jamais en peinture avec un enthousiasme oublieux de l'esprit de l'œuvre accomplie et qui paraît par contraste spectaculaire. Ainsi dans le texte suivant l'énumération des couleurs qui devront être celles de l'art mural : « l'or et le blanc, le bleu clair et le vert et tout l'orchestre héroïque et guerrier des jaunes, des oranges et des rouges » produit, en regard d'œuvres qui précèdent de deux ou trois ans au maximum le texte, un effet factice et irréel, factice jusque dans l'incantation qui écrase poèmes et tableaux de son inutile rhétorique :

> L'art a été obligé de se faire petit, matériellement et spirituellement, pour trouver place dans nos appartements, devenant, de ce fait, quelque chose de personnel, dépourvu d'échos plus vastes et généraux... Tout l'art se tourne à nouveau irrésistiblement vers les murs, vers la pierre, pour revenir à sa "fonction" spirituelle qui semblait désormais perdue dans ce labyrinthe

1. In Mario Sironi, *Scritti editi e inediti*, p. 227.
2. Extrait de « *La pittura murale* », *cit.*

> tortueux des expositions de peinture. La couleur doit réapparaître sur les murs, l'or et le blanc, le bleu clair et le vert et tout l'orchestre héroïque et guerrier des jaunes, des oranges et des rouges » (« *Arte ignorata* », *La Rivista illustrata del popolo d'Italia*, mars 1934[1]).

Cette rhétorique nous la retrouvons à l'automne de la même année :

> Pour certains, l'idée de la monumentalité évoque tout simplement le cimetière bourgeois et tout ce qui peut être considéré comme commémoratif selon les rites chers au XIXe siècle… Mais le monumental n'est pas que ceci. Bien au contraire, le monumental est un symbole inaccessible à l'indéterminé, une concentration qui s'élève contre toute dispersion. C'est la voix du Chef qui se lève au-dessus de la voix des multitudes. C'est l'expression de la Foi opposée au geste intéressé et, en tant que telle, elle se doit de donner un visage, un sentiment clair et visible de cette Foi, de sa force, de sa mesure et de sa puissance » (« *Monumentalità Fascista* », *La Rivista illustrata del popolo d'Italia*, novembre 1934[2]).

Cet engagement, en fait, Sironi ne le renia jamais, au contraire il essaya, de faux arguments en faux arguments, de fonder l'adéquation de son projet à l'autre, celui politique. Deux textes à cet égard sont exemplaires.

> À partir du futurisme et du cubisme jusqu'à nos jours la peinture s'est éloignée des sentiers battus de la représentation naturaliste du XIXe siècle pour donner lieu aux normes architecturales du tableau… On peut donc parler avec raison d'un accord souhaitable entre les arts plastiques, qui donnerait lieu au renouveau de ces trois arts… L'ambition des artistes s'est concentrée jusqu'ici sur le tableau. Mais le tableau est une forme trop étroite et insuffisante pour contenir les élaborations synthétiques de l'art actuel ; c'est une vision trop enfermée dans les limites étriquées du cadre ; c'est un accord monotone et trop simple pour convenir aux orchestrations bien plus complexes de la vie moderne ; ou bien trop faible et inapte à capter l'attention des hommes dans cette époque de mythes grandioses et d'énormes bouleversements[3]…

> Le Fascisme est un style de vie : c'est la vie des Italiens. Aucune formule ne pourra l'exprimer ni le contenir pleinement. De la même façon qu'aucune formule ne saura exprimer ni contenir ce que nous entendons ici par Art

1. In Mario Sironi, *Scritti editi e inediti*, p. 158.
2. In Mario Sironi, *Scritti editi e inediti*, p. 181. Cet article fut écrit à l'occasion du concours pour la construction du Palazzo del Littorio à Rome, dans lequel étaient engagés presque tous les architectes rationalistes italiens.
3. Extrait de « *La pittura murale* », *cit.*

> Fasciste, c'est-à-dire un art qui est l'expression plastique de l'esprit fasciste… Dans l'État fasciste l'art a une fonction sociale, une fonction éducatrice ; il doit traduire l'éthique de notre temps… La conception individualiste de “l'art pour l'art” est dépassée… Après tant d'années d'exercices technicisants et d'analyses minutieuses des phénomènes naturels d'origine nordique, la peinture moderne ressent aujourd'hui le besoin d'une synthèse spirituelle supérieure… La peinture murale est peinture sociale par excellence. Elle agit sur l'imaginaire populaire de manière plus directe que toute autre forme de peinture[1]…

Quand le régime s'effondra, Sironi, au lieu de renier son engagement, resta fidèle justement à ses idées mais retrouvant sa vieille compagne, c'est-à-dire se retrouvant, retrouvant sa haine de soi, sa mélancolie, il reprit les œuvres de chevalet, et cela dès 1940. 1940 est d'ailleurs la date où les commandes murales et de projets d'exposition du régime, rappelons-le, lui sont retirées. Les textes suivront l'effondrement du régime. Une série de textes de l'année 1945, des textes qui pourraient être la description des œuvres, le portrait d'un monde, d'une terre « recouverte d'une boue séchée ». Comment ne pas penser à cette montagne peinte en 1940 que nous aurons à examiner[2] ? L'on sent dans ses textes la mélancolie gagner ; et si le premier est bien la quasi-description de l'espace tel que nous le ressentons dans les œuvres de chevalet de l'année 1940 et cette montagne en particulier, le second est l'exact constat d'un état psychopathologique d'abattement qui en émane et répond aux incantations des années précédentes comme une phase à une autre. L'on y retrouve les indices symboliques mêmes du répertoire métaphorique de la mélancolie, jusqu'au « vent terrible et livide » qui souffle semble-t-il alors sans trêve. À l'angoisse effective et présente dans l'œuvre et les dessins de Klee répond donc ici une description de la mélancolie. Notre hypothèse faite à partir de la tonalité des œuvres se confirme donc dans les faits, jusque dans la description quasi clinique des faits.

> Je ne vois rien sinon ce maudit gouvernement de prêtres – l'aube d'un jour – d'un temps indéfini, de longues années ou de courtes années, un jour maudit dans ma vie dispersée dans l'espace démesuré, dans l'espace infâme. Des années, des siècles passent ainsi sur l'homme damné et les morts… L'histoire

1. Extrait du « *Manifesto della pittura murale* », *La Colonna*, décembre 1933, *in* Mario Sironi, *Scritti editi e inediti*, p. 155. Ce manifeste, signé par Campigli, Carrà, Funi et Sironi a été réédité par R. De Grada (1973) et Bossaglia (1979) qui l'ont attribué au seul Sironi.

2. *Montagna*, huile sur bois, 1940, 60 × 51 cm, collection particulière, Milan.

n'est que l'histoire de la petitesse humaine – cette éclaboussure boueuse, l'espace, les siècles et la lumière du soleil sur cette terre de boue séchée (autour de 1945-50[1]).

Chaque jour ce gigantesque effort pour vivre, pour résister avec ce pauvre cœur brisé par la lassitude – physiquement – cette maladie a été le point culminant de ma souffrance. Tous les soirs, avant que les somnifères viennent me clouer au sommeil je passe des moments horribles – des heures entières en tête-à-tête avec la mort, avec la folie qui ronge mon cœur. Personne n'est avec moi, encore et toujours cette solitude atroce; il faut résister, l'âme ravagée, à la tempête qui continue à sévir. Pas une seule main amie ne s'est tendue vers moi. Parfois je me fais encore des illusions – Puis ce vent terrible et livide recommence à souffler et, en t'écrivant, je pleure des larmes de sang. Tout s'est brisé ces derniers mois, tout. Il ne reste plus que débris et peur (autour de 1945[2]).

Un poème d'ailleurs retrouve le ton des années trente mais s'y mêle la nostalgie de ce que Sironi vient de perdre. Le regard du poème est bien jusque dans la visée qui est la sienne exemplairement mélancolique et regard sur des ruines. La posture est la même que dans la fameuse introduction de Volney.

Avant de devenir fou avant de mourir / avant de partir pour le long voyage / je veux encore regarder la lumière dorée qui pleut / du ciel sur les violettes / Avant de devenir fou / j'ai hâte de vous embrasser / mes pauvres souvenirs / et d'essayer de vous trier / si mon cœur / veut bien le supporter / J'ai perdu là-bas / d'immenses trésors / de vastes palais / des armées étincelantes[3].

« Ces immenses trésors, vastes palais et armées étincelantes » sont bien les ruines non seulement du rêve fasciste exprimé ici dans le ridicule de sa grandiloquence mais vécu sans aucune distance; mais aussi et plus encore, les ruines du grand projet d'art mural et l'on peut superposer ces immenses trésors, vastes palais et armées étincelantes sur le mode des objets perdus à la liste des couleurs vibrantes du texte de mars 1934, l'équivalent réalisé de ces couleurs, et de toute façon, perdu.

Plus ambigus sont encore les textes d'après 1945; on y voit, au-delà de la mélancolie allégorisée, les indices d'une sorte de fascination. L'idée de la

1. Archives A. Sironi, *in* Mario Sironi, *Scritti editi e inediti*, p. 338.

2. *Ibid.*, p. 330. Il s'agit, probablement, d'un brouillon de lettre.

3. *Prima d'impazzire*, autour de 1940-1945. Archives A. Sironi, in Mario Sironi, *Scritti editi e inediti*, p. 322.

mort est présente sans trêve, vécue « littéralement », narrée, métaphorisée sans cesse au moment où l'œuvre s'encrypte définitivement en elle-même, radicalisant dans de petits formats le projet monumental, construisant par juxtaposition, littéralement comme l'appareil d'un mur. Œuvre ici effectivement désaccordée, devenue totalement inadéquate à elle-même, s'employant à adapter les formules de la composition murale à un espace hétérogène.

À vouloir être l'apparaître d'un jugement perdu, l'œuvre qui fut l'apparaître du non-apparaître devient le non-apparaître d'une idée morte. Les textes sont alors des documents à verser au dossier de cet échec. Échec non consenti, réfuté dans cet effort de conciliation aporétique.

> Mais ce qui s'est passé après a été tout à fait épouvantable avec un cortège effrayant de déceptions et toutes ces couleuvres qu'il a fallu avaler. Maintenant, je me sens plus sauvage, plus dur : cette épreuve terrible m'a transformé. J'ai vu des choses que même ma philosophie la plus amère ne m'avait laissé entrevoir, j'ai vu combien la vie peut être atroce et combien l'homme peut être bestial. Je voudrais maintenant retrouver la force de repartir armes et bagages vers mon immense solitude… J'ai discuté en tête-à-tête avec la mort, j'ai nettoyé le cristal du ciel avec les poisons les plus terribles et maintenant il brille, clair comme un matin… (autour de 1945-50[1]).

> Je demande ici expressément que mon corps soit enterré dans un petit cimetière, peut-être dans ce petit cimetière perdu dans les montagnes où je me suis si souvent promené avec mes petites filles et où j'ai senti, pour la première fois, la Mort s'approcher de moi… (avant 1938[2]).

Le suicide de sa fille Rossana vient redoubler cette tristesse.

> Mon enfant / chaque soir ma vie se brise à ton souvenir / chaque soir les larmes déchirent mon cerveau / depuis combien de temps ? / Misère, misère, ma misère / Où es-tu, où es-tu, où es-tu / qui t'a brisé sur ce lit atroce / Oh, mon Dieu je ne te remercie pas dans ma terreur / dans mon déchirement sans nom / lorsque les yeux hallucinés fixent le vide / et cette folie sauvage /me

1. Archives A. Sironi, *in* Mario Sironi, *Scritti editi e inediti*, p. 339. En marge de la feuille sont annotées des phrases que l'on peut difficilement intégrer au reste du contenu : « et la vie est encore pour moi une dure souffrance, une interrogation atroce pour l'avenir » ; « C'est vraiment quelqu'un qui est pire que le mal ! » ; et d'autres, encore moins claires.

2. Archives A. Sironi, *in* Mario Sironi, *Scritti editi e inediti*, p. 342. La date est suggérée par le fait que, après la mort de sa fille Rossana, le peintre demanda à être enterré à côté d'elle, à Bergame, annulant ainsi les dispositions précédentes.

> fend le crâne / sali par le désespoir. / Tu as fait cela, Dieu ! Dieu pour me voir / me tordre au sol comme un chien empoisonné / comme une bête qui meurt, sans aide / sans pitié, sans cerveau / frappée au cœur (autour de 1950 après le suicide de sa fille Rossana en 1948[1]).

> … ma peinture : ces tables d'une loi inconnue. La ville dehors ! me retrouver dans le froid dans l'angoisse voir la mort avancer vers elle et lui dire prends-moi avec toi (après le 6 avril 1951[2]).

Ainsi dix ans après la mort de Klee, « vivant », brûlant d'angoisse mais en quête d'un accord jusqu'à la dernière œuvre, nous pouvons lire en l'œuvre désaccordée de Sironi et dans les textes une résignation où la mélancolie a fini par l'emporter.
Nous voyons donc se manifester aux extrêmes contraires, jusque dans leur conclusion, l'angoisse de Klee et la mélancolie sironienne. L'effet de contraste est aussi saisissant que le déséquilibre entre les textes.
Textes pour absence d'œuvre dans le cas de Sironi et œuvres brûlantes et accélérées pour Klee en regard d'une quasi-absence de tout commentaire.

Au lendemain de la mort de Klee dans l'Europe décrite, nous l'avons vu, par les titres-poèmes ou poèmes-titres repris par Felix Klee tel que : « *Närrische Jugend! Krieg! Dort geht's los! Trunkener Wormarsch, kreisen ein!* », Sironi écrivait

> … nous représentons, en revanche, l'idée européenne par excellence, la vieille Europe, la Méditerranée, le tronc romain germanique relié aux nations par la Méditerranée, Espagne, Sud de la France, Balkans, Afrique du Nord, le vieil Empire romain, la vieille puissante romanité qui relie les peuples méditerranéens et qui apparaît vraiment comme un ferment idéal. C'est l'empire chrétien méridional qui met en valeur et qui fait vivre les civilisations avoisinantes y compris les Arabes, les Grecs, les Égyptiens et les Éthiopiens – l'Italie est cet empire méditerranéen qui s'oppose à la vieille pieuvre nordico-atlantique et aux pays slaves – l'empire romain germanique est le vieux tronc européen, le vieux colosse qui a donné lieu aux grands moments de l'histoire européenne… (environ 1941[3]).

1. Archives A. Sironi, *in* Mario Sironi, *Scritti editi e inediti*, p. 351.
2. *Ibid.*, p. 367. Les phrases sont griffonnées sur une feuille contenant un devis de fabrication adressé à Sironi et daté « 6.4. 1951 ».
3. « Sacro Romano Impero », Archives A. Sironi, Mario Sironi, *Scritti editi e inediti*, p. 316.

Un tel contraste pourrait être l'objet d'une analyse de l'œuvre politique et historique. Il ne s'agissait ici que de mettre en jeu le contraste de ces deux mondes si opposés et pourtant si étrangement et paradoxalement, à partir des œuvres, comparables. Comparaison que nous allons dès lors essayer de « mettre en œuvres ».

approche phénoménologique de l'angoisse et de l'ennui, à partir de l'analyse comparée de l'œuvre de Klee et de l'œuvre de Sironi

Nous avons délibérément choisi de montrer des œuvres de Klee dont nous avons déjà fait l'analyse, comme pour vérifier qu'elles pouvaient vivre deux fois, apparaître deux fois au moins, à des années d'écart, vibrantes de la nuit à partir de laquelle elles surgissent de nouveau si singulièrement différentes et semblables de ce qu'elles étaient quand nous les vîmes à Berne en 1975 puis chez Félix Klee. Mais leur apparaître est inédit, invu, et comme miséricordieusement à nouveau donné. C'est à partir d'elles, de cette façon simplement neuve de nous apparaître, que nous avons réuni celles de Sironi dans un effet de diptyque. Il s'agit de les revoir par l'entremise d'une « forme-temps » qui les aurait préservées de leur propre nuit et comme en regard de leur contraire, les revoir « comme il faut inévitablement finir par céder au désir de revoir et reprendre qui l'on aime, simplement parce qu'il demeure, là, en attente d'un hommage qui lui reste dû, quoique la distance et les usages puissent y opposer[1] ». *Umgriff* donc et avant tout, en dépit de la chronologie ou même de la logique d'une démonstration et de ses artifices. L'horizon incontestablement précède le phénomène, le précède non pas comme il en préjugerait, en serait la détermination arbitre mais seulement parce que la possibilité la plus libre du phénomène ne fait qu'un avec l'horizon, s'y joue jusqu'à coïncider, ne faire alors qu'un avec lui. Le phénomène, cet apparaître dont l'œuvre est la métaphore, ne

1. J.-L. Marion, *La Croisée du visible*, p. 57.

pourra être mis en scène ou pour le dire selon une détermination moins radicalement proche de l'espace scénographique, de la perspective, en jeu, que selon un horizon qui est infiniment plus qu'un cadre ou un décor et ici plus qu'une tonalité affective, fût-elle l'angoisse même; cet horizon n'est plus seulement ici celui propre de l'objectivité (Husserl), ni celui du temps (Heidegger), ni celui de l'éthique (Levinas) mais un autre que nous ne saurions nommer et qui n'est ni la somme ni la résultante des trois mais qui pourrait les comprendre et les annexer, annexant et résolvant en l'apparition même les contradictions éventuelles. *Umgriff* en tant qu'il est plus que le titre d'un tableau et s'il est possible de désigner ainsi plus que le tableau, son apparaître même, n'apparaît que selon le cadre d'un horizon qui, pour n'être pas possible à dire, vit cependant dans l'apparaître même, dans le constat que l'on peut établir de cet apparaître. Ce qui apparaît en *Umgriff* ne peut être dit seulement selon un des horizons précités, tout en n'en récusant aucun. Il y aurait donc à penser un horizon de ces horizons. *Umgriff* tend, nous essaierons de le montrer, à être un phénomène quasiment saturé – nous reviendrons sur ce quasiment. À tout le moins

dans un tel tableau et dans le phénomène qu'il est en tant qu'il m'apparaît, la donation intuitive surpasse considérablement, devance et prend de court notre visée intentionnelle mais est à la limite aussi d'excéder ce que notre intuition peut supporter. Comment cela est-il visible? Jean-Luc Marion définit la montée à la visibilité ainsi : « Comme tel, le peintre n'a pas à produire les formes. Il doit enregistrer, par une seconde et difficile passivité (celle de l'art de ne rien faire) le surgissement des ectypes à partir de leur fond, la montée de l'invu jusqu'à l'apparaître[1]. »

Une telle montée à la visibilité se confond alors avec la distance parcourue par l'ectype du fond à notre regard pour autant qu'il lui soit donné d'en supporter l'affront. L'horizon du phénomène, et ici de l'œuvre, semble pourtant plus complexe et ajoute à la même seconde à la donation le retrait. Il s'agit en fait moins de la montée à la visibilité de tel ectype, ici une forme que l'on peut s'imaginer reconnaître et même décrire (et que l'on ait pu la décrire n'est-ce pas déjà le sens du retrait) que de la venue frontale et sans ombre du fond du tableau d'une lumière immanente ou mieux

1. J.-L. Marion, *La Croisée du visible*, p. 74.

« Intérieure[1] ». L'ectype, la forme qui enlace, celle enlacée, ne vient pas du fond mais interrompt selon le modèle de l'éclipse la lumière. L'ectype ne vient pas du fond vers moi mais est traversé par la lumière. Mais est-il vraiment traversé? Le retrait est alors emblématiquement présent en lui, il en est l'image : l'ectype immobilise un instant la montée vers moi de la lumière, son faisceau frontal et ontiquement imparable. L'instant où la lumière en l'ectype s'arrête, s'immobilise, est retenue, est l'instant de l'œuvre. L'instant entre la nuit et la nuit, entre ce qui n'est pas encore vu et ce qui une seconde plus tard ne sera plus visible, deviendra invisible ici par excès de lumière, par aveuglement donc.

L'angoisse en l'œuvre se tient en ce point d'équilibre où ce qui se donne immobilise tout, tout dont la lumière même qui n'est en fait que le projet, le projecteur intérieur de ce qui se donne. La lumière traverse l'écran, ébranle le contour même de l'ectype, l'étend d'une aura qui affirme sa résistance[2]. Le retrait n'est donc pas un effet de retour mais bien, comme nous avons espéré le montrer, un effet de percée. Le statut propre de l'œuvre – *Umgriff* – est d'être l'instant entre ce qui se donne et se retire, ici, de front. L'œuvre suscite malgré, à cause de son format, cet effet de démesure; le phénomène quasi saturé ne peut s'apercevoir que dans le brouillage de son horizon; c'est dans ce rapport que réside le quasi, l'instant où la saturation va avoir lieu, où la lumière doit, se doit, de franchir l'obstacle de ce corps désespérément agrippé à une absence d'étant, un *ne-ens* qui est le nom de l'écran dès lors, troué de lumière. La lumière ne vient pas de derrière le tableau mais du tableau et surtout pas de devant le tableau ou à peine, comme une pauvre lumière de regard clignant, ébloui, fasciné et ne voyant plus rien que ce rien, cette montée à la visibilité qui est tout le contraire de la progression selon une distance sidérée, d'un ectype, fût-il ces lignes

1. M. Henry, *Voir l'invisible*, Paris, François Bourin, 1988, p. 24.

2. L'aura n'est pas à entendre ici au sens – historico-sociologique – où W. Benjamin l'entend dans *La Petite Histoire de la photographie*, *Thèmes baudelairiens*, *L'œuvre d'art à l'ère de sa reproductibilité technique*, dans *Essais*, *Mythes et Violence*, *Poésie et Révolution*, Les Lettres nouvelles, 1966. Ou alors uniquement en démembrant la formule trop et trop mal commentée : « qu'est-ce à proprement parler que l'aura? Une trame singulière d'espace et de temps : unique apparition d'un lointain, si proche soit-il », et en retenant seulement la pertinence implicite pour la phénoménologie. « Unique apparition » pouvant s'entendre de façon quasi pléonastique comme phénomène; « d'un lointain » réfère à l'écart accompli par toute montée à la visibilité. Il semble qu'à aucun moment Benjamin n'ait perçu la portée phénoménologique de cette façon personnelle de se réapproprier une définition du phénomène.

brisées, du fond jusqu'à moi[1]. « Quasi saturé » parce qu'à la seconde du rien. Œuvre visible possiblement donc selon cette seconde avant que la lumière ne relègue l'ange blessé, dans sa nuit : retrait pour cette figure dans la percée de la lumière. L'ectype n'est donc pas le point d'une montée à la visibilité mais au contraire le point d'immobilité à l'égard duquel le retrait peut être pensé. Un point entre une nuit par défaut et une nuit par excès.
La montée à la visibilité, cette montée de la forme, l'anamorphose, prend, parce qu'un « je » intoné par l'angoisse constitue son phénomène, la forme impossible à dire du nom de forme d'une montée à l'invisibilité dont le nom selon l'angoisse serait éblouissement, aveuglement par éblouissement.
L'œuvre est le point de lutte entre l'anamorphose et l'aveuglement, son point d'équilibre sans litige, à parts égales, porté de part et d'autre et retenu jusqu'à ce que la lumière déborde ce qui une seconde la rend visible.
C'est à cette seconde et en elle seule – l'instant de l'œuvre en tant qu'instance entre la donation et le retrait – que le *je* qui constitue son phénomène, qui fonde son apparaître est, et peut être sinon défini, du moins questionné. La mélancolie a ceci de singulier que l'objet – peut-on dire ce *ne-ens* du nom

d'objet – se donne au mieux dans la suite de tous les instants, imposant de le reconstituer à partir d'apparitions limitées, inachevées, intermédiaires où il esquisse[2] chaque fois sa figure alors que dans l'angoisse – *Umgriff* en est le plus parfait exemple – l'esquisse est bien ce qu'elle est : une étape, mais la dernière étape avant la nuit.
Le je qui reçoit la donation a à peine le temps d'en assurer la synthèse constitutive puisque c'est alors du non-temps qu'il est question, non-temps que l'esquisse cerne. Le je qui voit et par lequel cette anamorphose contrariée par l'*anaphasis* a lieu n'est alors plus maître de rien, que de subir l'instant où ce qui se donne va être repris.
L'œuvre est alors ce qu'elle est rarement, le point où le phénomène quasi saturé se laisse constituer. Peu d'œuvres ont ce pouvoir – celles de Rothko, les tout derniers Klee – de laisser voir l'instant où sont en équilibre ce qui submerge le regard en le constituant, et ce regard.

1. Paul Klee, *Umgriff*, peinture à la colle, aquarelle et huile sur papier, 1939, 24 × 31 cm, collection Bernhardt Springel, Hanovre.
Nous nous permettons de renvoyer à notre analyse de ce tableau in *Paul Klee, L'Œil en trop*, Paris, Vrin, 2009, p. 118 et suivantes.
2. Voir la quatrième partie où ce concept d'esquisse est compris selon son acception husserlienne.

C'est selon cette définition de la lumière que se construit la première et essentielle différence entre l'angoisse et la mélancolie, entre *Umgriff* et *Nudo disteso*.

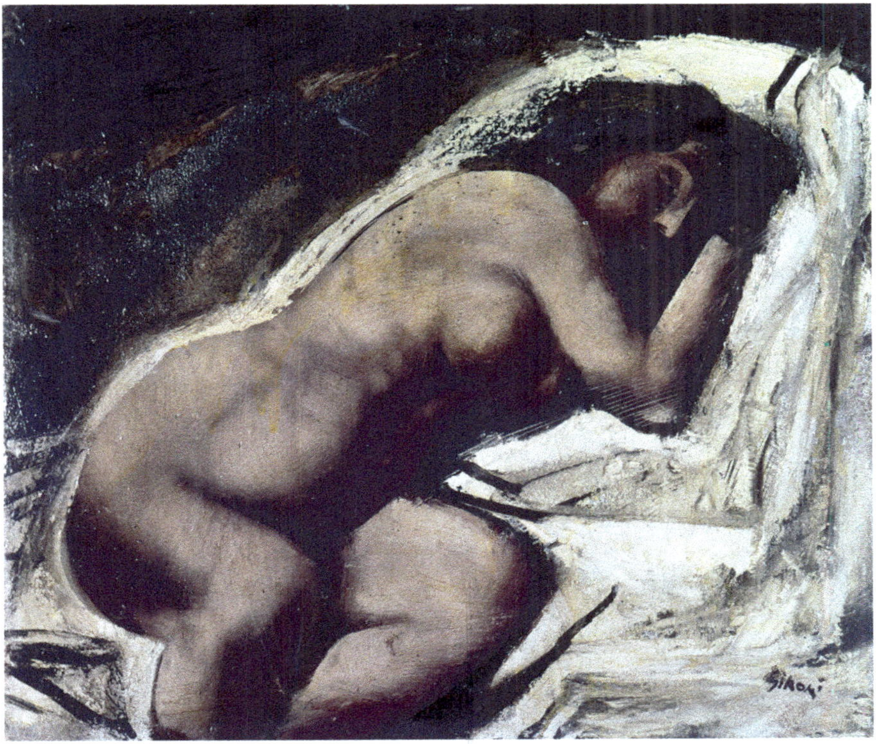

Mario Sironi, *Nudo disteso*, 1940, huile sur toile, 40 × 45 cm, Collection privée

À partir de 1940 l'œuvre est libérée des illusions et mensonges d'un art « fasciste » monumental, sa monumentalité tient dans son cadre et n'est pas, ne peut pas être imposée par lui. La monumentalité aurait donc ici à voir avec cette inadéquation. Il faut simplement que ce qui est dans le cadre – pour être monumental – excède les limites du *parergon*, s'étire en lui, autant que le corps de cette femme s'étend douloureusement plus que lascivement dans un espace aussi irréel qu'inhabitable, le sommeil à jamais contrarié par les cauchemars d'une histoire plus ancienne encore que celle que l'actualité sournoise l'avait laissé croire. Le corps marmoréen et blafard de cette femme est moins pétrifié par une histoire sans date que par son propre rêve qui de près ressemble un peu à la mort.

Nu. *Nudo* que l'on dit en allemand si étrangement *Akt*. Le corps est contraint par un acte, ici irrépressiblement intentionnel, mais il faut le dire aussitôt, infiniment au-delà – en retrait – du désir, comme pour que le je qui se confond avec cet autre puisse ne s'attarder que le temps d'un regard sur ce corps de pierre, encrypté lui-même en son écrin de parpaings, aussi sombre que blanc est le corps, moins blanc pourtant que le mur qui semble cette fois réel au fond du tableau, tant tout s'est minéralisé et qu'il semble impossible que cette trouée blanche puisse être le ciel.

Le mouvement de la lumière, son projecteur est ici au plus haut point celui de l'intentionnalité mais en contre-plongée, une visée achevée selon un mouvement de vortex. La visée mélancolique qui dans le perspectivisme prend ce temps qui ne lui sert plus à rien pour, d'un étant à l'autre, aller s'échouer en l'absence d'étants qui les confond tous, ici ne prend pas le temps. Le temps n'est pas pris, la visée va, s'enfonce, sans même caresser ce corps, non pas se perdre mais s'écraser contre ce faux ciel où le regard est comme spéculairement renvoyé à lui-même. Le retrait a lieu donc à rebours du tableau de Klee dans une visée où je est livré à lui-même autant que livré (spéculairement si cette paroi peut se dire comme miroir) au même. La lumière de l'intentionnalité sculpte ce corps, lui interdisant ainsi d'être de chair, le sculpte doublement : le représente comme tel, l'éclaire comme tel et les ombres sur ce corps, ombres projetées de devant le tableau, d'en face de lui, équivalentes et synonymes des ombres de cet écrin-caverne, répondent à l'envers au contour d'éclipse de cet autre corps déchu qu'*Umgriff* essayait de dire.

L'ombre est ici sur le corps, autant qu'elle était dans l'œuvre de Klee derrière lui, bien que ce corps ne puisse se dire de ce nom et ces ombres alors se dire ombres. Les lignes d'*Umgriff* sont le contraire symétrique de ce corps sculpté par la peinture et la visée intentionnelle, et les ombres le contraire des ombres qui sculptent. Autant les formes dans *Umgriff* pouvaient se dire du nom d'ectypes, d'archétypes même, autant l'*archè*- qui sommeille dans ce nu est celle d'une allégorie que l'histoire aurait abandonnée. Le corps abandonné l'est comme une allégorie que le sens même aurait désertée, la rendant au sommeil de ses formes, sans rendre ses formes à leur vie, au contraire.

Ainsi autant que dans *Umgriff* les lignes cherchaient en pure perte à arrêter la lumière, c'est en pure perte que la lumière creuse la perspective, se heurtant dans un effet de raccourci à l'absence qui ferme l'œuvre au lieu de l'ouvrir. Alors que la visée mélancolique laisse ordinairement errer longtemps le regard, ici tout est accéléré, une accélération du faisceau de l'intention ou de l'intuition donatrice sensiblement équivalente mais radicalement contraire.

Le modèle du cadre, dans l'œuvre de Sironi, est bien la fenêtre mais ici incroyablement tronquée, presque une meurtrière, une fenêtre qui fermerait le monde, alors qu'on dit communément de l'œuvre qu'elle est une fenêtre ouverte sur le monde. L'espace de la visée intentionnelle construit par elle est donc, quoique résolument singulier, terme à terme, contraire à celui d'*Umgriff*.

Si l'on veut garder l'image de la fenêtre dans *Umgriff* le corps serait à lui-même la grille qui l'emprisonne. Étranges barreaux de prison que nous retrouvons dans ce tableau sans titre, surnommé *Gefangene*[1], par exemple, et dans d'autres œuvres jusqu'à *Tod und Feuer* (La mort et le feu)[2] que l'on a pu interpréter ainsi. Mais la prison n'est pas celle de l'intentionnalité, elle est intérieure comme la lumière l'est. Déjà dans *Ein Stübchen in Venedig*[3] de 1933 où la fenêtre était nettement dessinée, « esquissée », et le signe de l'infini en place du regard, écarquillé, l'œuvre semblait prise entre deux lumières, aplatie, scellée par leurs puissances contraires et équivalentes. Après 1935, la lumière du projet cède à celle, intérieure, de l'angoisse. Le corps est sa propre prison, ses propres barreaux. Cette lumière « immanente » était présente très tôt dans l'œuvre, dès *Der Goldfisch* en 1925, mais aussi dans *Polyphon gefasstes Weiss*[4] (1930) ; mais le motif, ou l'absence de motif, était porté par la lumière, l'absence si puissante dans le blanc était encore un motif. Dans *Umgriff* la lumière reste sans motif,

1. P. Klee, *Der Gefangene*, 1940, huile sur jute, 55 × 50 cm, collection privée, New York.
2. P. Klee, *Tod und Feuer*, 1940, huile sur jute, 46 × 44,5 cm, Fondation Paul Klee, Berne.
3. P. Klee, *Stübchen in Venedig*, 1933, pastel sur feuille de couleur, 21 × 30,5 cm, Kunstmuseum, Bâle.
4. P. Klee, *Goldfisch*, 1925, huile et aquarelle sur papier vernissé, 48,5 × 68,5 cm, collection Kunsthalle, Hambourg ; P. Klee, *Polyphon gefasstes Weiss*, 1930, aquarelle, 33 × 24 cm, Fondation Paul Klee, Berne.

elle est son propre moteur, n'a rien à éclairer, à porter à la surface. Sinon elle-même, seulement. Cette lumière qui ne porte qu'elle-même est bien celle qui aveugle. Dans *Nudo disteso* l'invisible creuse le visible, sculptant ce corps sans lui redonner sa vertu d'allégorie, lui conférant en cette impuissance même une puissance au-delà de l'allégorie. La noblesse du corps est bien dans ce relief d'ombre que l'invisible lui rend puisqu'il est emmuré, perdu semble-t-il pour les regards à venir, ce qui lui confère le statut privilégié de corps chu, déchu, mais vivant en l'œuvre, alors que les allégories des réalisations murales étaient, furent, les présences sensément réelles d'un passé vivant mais pétrifiées par leur statut d'allégorie et le projet d'un art monumental. La lumière dans *Nudo disteso* creuse la fosse de ce corps encore vivant, elle éclaire et construit sa tombe. Et la brèche blanche, au centre et fond du tableau, est un mur plus réel que celui, figuré, sur (contre) lequel le corps s'étend, l'analogue de la porte noire dans *I costruttori* de 1929[1], moins une porte qu'une niche comme une autre mais ici saturée d'ombre. Le corps construit, pas plus que dans *Umgriff*, ne peut être enlacé et c'est étrangement par un effet de la lumière et de l'ombre qui ordinairement donne la forme qu'il se refuse, ou plus justement est irréparablement mis à distance. Cette distance est l'égale et le contraire de la trop grande proximité du corps d'*Umgriff*, du corps en *Umgriff*. Elle est dans un cas celle d'un être qui n'a plus le temps, dans l'autre celle de ce temps hors temps où l'allégorie, tout symbole épuisé, trouve son règne[2]. Toute allégorie impose une définition de l'espace; la figure, les figures centrales des allégories sironiennes jouent sur la scène de son œuvre un double et paradoxal rôle, aux deux extrêmes de l'imaginaire mélancolique, à la fois elles errent dans un espace infiniment ouvert et en même temps semblent forcloses, prisonnières à la limite, au guichet, d'un horizon impossible[3]. L'œuvre oscille moins entre ces deux pôles du territoire de

1. M. Sironi, *I costruttori*, 1929, huile sur toile, 100 × 70 cm, Museo del Novecento, Milan.

2. Dans les allégories de Sironi où ses paysans héroïques, ses travailleurs encore, attendent dans un paysage idéalisé en dehors de tout temps déterminé ou de tout lieu déterminé, les formes sont travaillées de façon grossière et laissent voir comme l'effet d'une tempête ou rappellent des fonds archéologiques, comme si le répertoire historique de la mythologie fasciste avait été en fait réévalué par l'histoire.

3. Motif à tout le moins actuel (voir toutes les récentes publications de Sarah Kofmann, *Mélancolie de l'art*; Marie-Claude Lambotte, *Esthétique et mélancolie*; Julia Kristeva, *Soleil noir, dépression et mélancolie*; Rudolf et Margot Wittkower, *Les Enfants de Saturne*). Il faut souligner l'entreprise contemporaine de J. Starobinski, ouverte par cette « critique de genèse » qu'il a su mettre en œuvre et qui laisse vivre les textes.

la mélancolie qu'elle ne les concilie étrangement. Il nous faudra montrer les termes figurés d'une telle conciliation. De la même façon que *Umgriff* et *Nudo disteso* permettaient d'exhiber terme à terme l'opposition entre Sironi et Klee, que la « source de lumière » était l'objet de la première démonstration, *Eile* de 1938 et *La caduta o la notte*[1] de 1933 confirment ces hypothèses, tout en les portant sur un autre terrain, celui du symbolisme. Les deux œuvres ont étrangement une « architectonique » comparable et l'on pourrait les rapprocher selon un effet de calque. En d'autres termes elles peuvent s'opposer en se superposant.

Le tableau de Sironi est antérieur à *Nudo disteso* comme *Eile* à *Umgriff* et l'écart est problématiquement le même. La femme couchée est la même

Il n'est pas inutile d'éclaircir l'écart qui sépare ces traditions. D'un côté les analyses de Freud qui esquissent simultanément trois types de description clinique de la psychose maniaco-dépressive : dynamiques, économiques et dans le cadre d'une genèse de l'auto-érotisme infantile ; de l'autre l'héritage de la psychiatrie heideggerienne, à savoir de Ludwig Binswanger, qui nous a été transmise par Tellenbach et qui tente de décrire le *Dasein* mélancolique, à partir du *typus melancolicus* reconstruit à partir de la tradition venue d'Aristote et de l'école de Rufus d'Éphèse (première moitié du IIe siècle). Ces deux théories ne nous ont pas semblé exploitables pour notre propos, à cause d'une part de la réticence même de Freud à l'égard de sa propre théorisation de la mélancolie, et de l'aplatissement de la pensée de Heidegger d'abord par Binswanger, puis par Tellenbach, qui en reviennent à la définition d'une pathologie typiquement mélancolique là où Heidegger fait de la mélancolie une condition de l'être-là du sujet. Le seul ouvrage qui en l'occurrence fasse date reste le *Saturn and Melancholy* de Panofsky, Saxl, Klibansky, bien que nous ne puissions nous accorder sur l'analyse qui est proposée de la *Melancholia I* de Dürer (celle-ci se fondant sur la conjugaison des thèses de M. Ficin et de H. de Gand chez Agrippa von Nettesheim, tente de reconstruire ce qui aurait été le projet systématique bien qu'inachevé de Dürer de cette *Melancholia* demeurée unique). Les auteurs nous semblent cependant préjuger du sens de cette *Melancholia* dans l'œuvre de Dürer, et notamment, de cette limite précisément de la mélancolie imaginative, vouée aux choses visibles et calculables. C'est en effet à partir de cette œuvre que Dürer abandonne ses études mathématiques pour se consacrer à la représentation religieuse. Il est probable que c'est précisément au cœur de la transgression qui constitue la représentation du divin que Dürer a pu se libérer d'un désir de science par et dans l'art. Et que, s'il n'a jamais réalisé des Mélancolies II et III (rationnelles et spéculatives), c'est qu'il avait compris que c'était dans la contrainte même imposée à ses facultés que se trouvait la source de son œuvre.

En ce sens, l'ouvrage de Panofsky, Saxl et Klibansky s'il demeure bien un recueil inépuisable d'informations pour ce continent que représente la mélancolie dans la culture occidentale, et s'il élargit le concept même de l'histoire de l'art en se servant aussi bien de la philosophie, de l'histoire de la médecine que de l'anthropologie historique, ne saurait cependant satisfaire aux exigences d'une interprétation phénoménologique de la mélancolie.

Aussi paradoxal que cela puisse paraître, eu égard à la somme bibliographique qui peut être inscrite au compte de la mélancolie, et peut-être aussi à cause de cela, notre seul modèle a été l'analyse que J.-L. Marion propose de cette *Melancholia I* dans *Dieu sans l'être* (p. 188 et suivantes), la seule qui, contre l'histoire de l'art, bien que grâce à elle, ait su nous faire voir ce que, avant, nous n'avions pas vu.

1. P. Klee, *Eile*, 1938, peinture à la colle sur papier journal et carton, 47,7 × 33 cm, Kunstmuseum, Berne.

M. Sironi, *La caduta o la notte*, 1933, technique mixte sur papier toilé, 200 × 126 cm, collection privée, Milan.

que celle de *Nudo disteso*. Elle est une étrange et énigmatique allégorie que l'effet de juxtaposition de la composition accentue. Il est paradoxal que ces êtres pétrifiés qui semblent être à l'avant-poste d'une nuit sans mesure, soient les héros pour Sironi d'un nouvel ordre[1]. Un ordre qui va soumettre ces figures. En 1933 la composition a sa mesure politique (200 × 126 cm). Le *Nudodisteso* a un format au contraire exagérément intime (40 × 45 cm). Cette démesure est aussi la mesure politique de l'allégorie, dimension politique que nous avons pu lire également dans *Eile*. L'effet de superposition dont nous parlions nous oblige à opposer deux termes extrêmes du symbolisme, l'allégorie et le geste mais aussi à conclure que ces extrêmes ne le sont qu'en tant que ces modes symboliques sont ceux de ces extrémités de l'apparaître : excès d'intentionnalité de la mélancolie, intuition donatrice dans l'angoisse. Leur répondent l'allégorie et ce geste qui se laisse voir au-delà du signe qu'avec urgence il trace, écrit même. Ce geste chez Klee est bien le geste même de l'apparaître autant que l'allégorie est le mode où s'énonce ce qui se refuse à apparaître.

Cette conscience ainsi allégorisée est en quelque façon – le fascisme n'en est-il pas la trace effective – une conscience dépossédée de sa liberté propre : la conscience « s'allégorise », trouve dans l'allégorie son mode privilégié parce qu'elle est déprise de sa liberté propre. L'allégorie serait l'action immobile et fictive où le je n'est plus maître de l'action, la conscience se fait une image d'elle-même parce qu'elle est immobile, paralysée ; ce je n'est pas maître de l'action parce que l'action a lieu comme devant lui, en dehors de lui dans un projet où il ne peut plus se projeter. Le théâtre sironien n'est pas pour autant un lieu neutre. Le je de cette visée intentionnelle dont l'intention est au-delà de l'œuvre dans l'utopique pensée de l'œuvre monumentale, abandonne aux figures allégoriques revisitées, l'inutile liberté de hanter (*I costruttori*, 1929), de penser (*Malinconia*, 1928), ou d'habiter (*La famiglia*, 1929)[2] un monde dont l'espace n'est autre que ce propre je mué en espace.

1. Cette nuit, qui ici trouve son extériorité dramatique et plus tard grimaçante, est peut-être, hasardons-le, moins étrangère qu'on ne pourrait le croire à la nuit ouverte par l'angoisse des derniers tableaux de Klee. Cette nuit est peut-être aussi le nom générique que nous essaierons de mettre en acte sous l'idée du retrait.

2. M. Sironi, *I costruttori*, 1929, huile sur toile, 100 × 70 cm, Museo del Novecento, Milan.
M. Sironi, *Malinconia*, 1928, huile sur papier, 81 × 60 cm, Museo del Novecento, Milan.
M. Sironi, *La famiglia*, autour de 1929, huile sur toile, 167 × 210 cm, collection privée, Milan.

Comment peut-on affirmer que ce je se transforme lui-même en espace, qu'il est en d'autres termes « le paysage sensible » où l'action, un drame immobile, grave et silencieux, a lieu ? Il intone le paysage de l'œuvre, pour le dire mal, son atmosphère. Cette *Stimmung (Grundstimmung)* répond à l'action ou plutôt à la non-action du drame. Dans l'œuvre de Sironi il faudrait établir comment leurs termes animent immobilement le drame : l'espace que la visée intentionnelle en se perdant a peuplé comme si un « vent de mérencolye » avait contaminé de gravité et d'inutile grandeur le décor même de l'action. Les acteurs anéantis par cette métamorphose sont alors eux-mêmes pétrifiés. Ainsi le tableau sironien se dichotomise en espace et protagoniste, dichotomie que l'œuvre murale affirmera, radicalisera, mais en la radicalisant lui fera perdre sa force et son pouvoir. Le vent de mérencolye dont parlait Charles d'Orléans se confond avec la visée intentionnelle, s'enfonce dans l'espace, le creuse mais pour laisser place à un calme plat, une absence de vent plus terrible encore.

Dans les premières œuvres de Klee c'est ainsi que le système se mit implicitement en ordre, un rapport s'établissant entre *Stimmung* et œuvre, un rapport analogique, global, insécable, entre deux termes équivalents. Il faudrait établir comment dans l'œuvre terminale de Klee ce rapport ne joue plus que sur une *Stimmung*, cette *Grundstimmung* qu'est l'angoisse qui intone, au détriment de toute autre en la vassalisant ou encore en la condamnant sans merci[1].

Dans le cas de Sironi, une tonalité affective unique semble avoir déterminé l'œuvre, constitué son espace, l'air, l'absence d'air, de l'œuvre : la mélancolie est présente du début à la fin de l'œuvre et les années « murales » du fascisme triomphant ne font que la mettre entre parenthèses, l'« encastrer » dans un projet où elle n'a plus assez de souffle, retient son souffle pour instiller son profond et si radicalement antinomique désenchantement à la mise en scène fasciste. Dans les œuvres murales les deux termes se radicaliseront. Le fond devient le mur (une atmosphère murée contenue) de soutien des allégories. À la figure de l'humain seul dans un paysage désolé, figure erratique, succède implicitement et très inconsciemment dans les grandes constructions murales, celle du labyrinthe, un labyrinthe frontalisé où chaque allégorie occupe une partie de cet espace clos parcellisé et sans issue.

1. Pour la définition exacte de notre emploi de *Stimmung*, voir les notes de notre quatrième partie.

Des œuvres intimes aux réalisations murales une relation malheureuse, contrainte à l'espace, scande la pensée plastique de Sironi et l'oppose radicalement à l'espace plénier, plénier jusque dans la détresse du monde de Klee.

Les figures de Sironi sont toujours captives, prisonnières et encryptées dans une composition murale, mais plus encore prisonnières parce qu'errantes dans l'espace inconciliable et sans borne d'une périphérie urbaine ou d'un paysage de montagnes. La niche ou l'emboîtement et l'isolement dans l'espace sont en fait le même, les deux formes d'une inadéquation, à laquelle le modèle allégorique et celui, plastique, de la juxtaposition répondent, selon que l'emporte ou non le projet politique. Quand le projet politique l'emporte, la structure de l'œuvre reste formellement, en poussant l'allégorie à son terme extrême et en radicalisant l'effet de juxtaposition et quasiment de « montage », fondamentalement et paradoxalement mélancolique. *La caduta o la notte* et *Eile* produisent l'un comme l'autre l'effet d'être peints pour un mur, sur un mur : nous avons pu montrer l'effet d'appareil produit dans *Eile* par les colonnes et les sections de la page du journal enduit de blanc sur laquelle l'œuvre est peinte[1]. Tout donc rapproche et oppose ces deux œuvres. L'actualité – une page de journal –, une sorte de projet prémonumental pour une œuvre publique. La similitude de l'architectonique : à la niche de gauche répond l'effet de persiennes ou de volets clos ; à la fenêtre creusée dans le mur et son intérieur, l'effet de balustrade et le mot *Eile* écrit comme même et égal à cette rambarde ; le corps allongé et l'oblique qui divise le tableau. La volonté que l'œuvre soit manifeste. Tout donc, aux deux extrémités de l'apparaître. Et les lettres de *Eile* E.I.L.E répondent étrangement à la frise de pictogrammes dans l'œuvre de Sironi : corps en devenir de lettres sous la fenêtre creusée à droite, corps ectypes en voie de devenir lettres pour une écriture. Écriture et lettres en voie de redevenir corps et geste dans *Eile*.

L'effet de mur est néanmoins porté par les mouvements précités qui sont les mouvements de l'apparaître ou de sa résistance, de son refus. Le mur sironien est creusé, creusé d'une niche où trône un empereur, d'une fenêtre où règne un décor, d'un sarcophage où gît le corps de la femme.

1. Nous renvoyons à notre première analyse dans *Paul Klee, L'Œil en trop*.

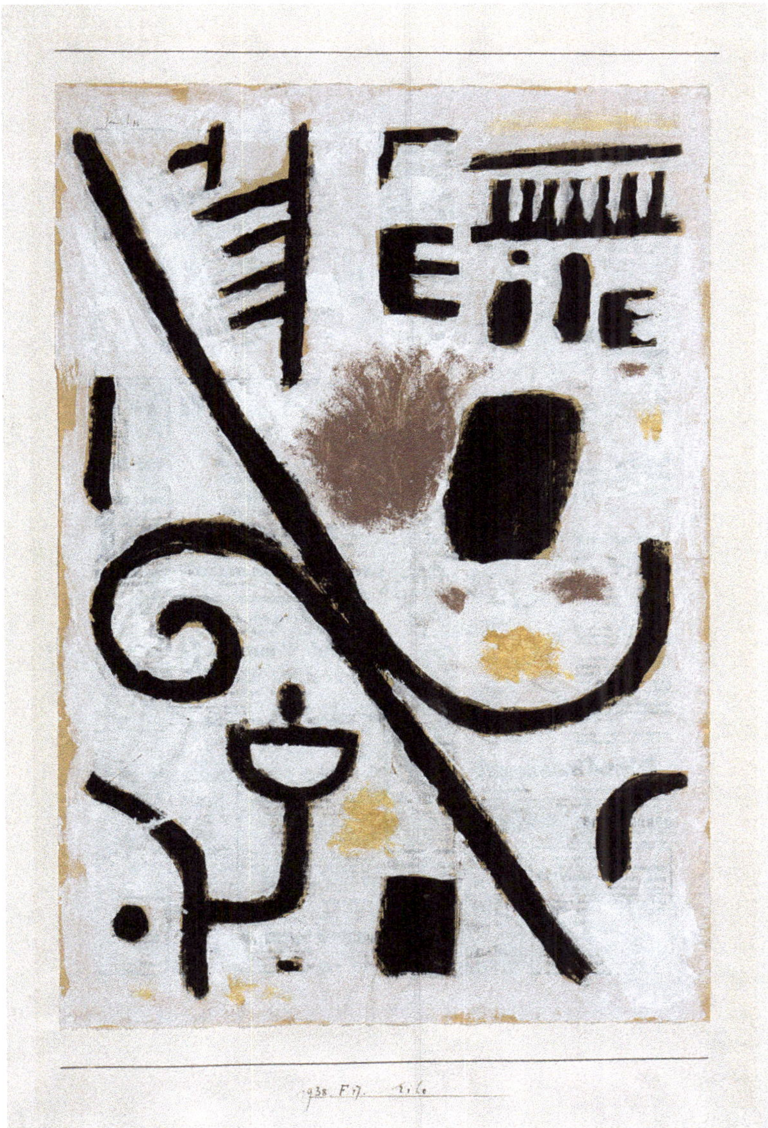

Paul Klee, *Eile*, 1938, peinture à la colle sur papier journal et carton, 47,7 × 33 cm, Kunstmuseum, Berne. Fondation Paul Klee ZPK.

Ce monde sans perspective s'en crée donc en les juxtaposant, démultipliant et affirmant l'intentionnalité, la déconcentrant, l'obligeant donc à une perte, et à éprouver cette juxtaposition comme séparation, strate frontale, palimpseste radicalisé selon des coupes archéologiques. En dernière instance, après avoir suivi les allégories du labyrinthe, nous sommes conduits vers la porte qui reprend le rythme de la niche, vide jusqu'à la seconde où l'on y découvre un dernier angle supplémentaire et fatidique qui ferme définitivement l'œuvre sur elle-même et garde prisonnière, erratique mais défaite, défunte, ma visée.

Tout au contraire le mur de Klee avance vers nous, s'abat sur nous et l'oblique déséquilibrée par le mot *Eile* et la tache noire qui le souligne, inversant démesurément le point du « i », accuse cet effet de basculement. L'œuvre s'abat sur nous autant que l'angoisse. Quand notre regard errait dans l'espace de ce faux mur sironien condamné à une mélancolie contrariée ou inertement avivée par la grandiloquence, le mur affirmait son montage (ce montage paradigme de la mélancolie, aboutissement du procès de juxtaposition, niches ou cercueils des allégories). Le mur dans *Eile* vient du fond, perce à peine l'enduit blanc, disparaît pour apparaître. Quand pour Sironi ce qui apparaît (sarcophage, niche, fausse fenêtre) réellement et métaphoriquement n'apparaît que pour disparaître ou mieux, se refuser à apparaître.

L'œuvre est bien l'apparaître de ce qui se refuse à apparaître alors que pour Klee elle est ce qui provoque l'apparaître, le décèle, quitte à ce que, le décelant, cet apparaître nous submerge. Nous avons l'impression que le mur avance vers nous, s'écrase sur nous.

Cet effet de mur s'expérimenterait d'ailleurs haptiquement : souvent Sironi creusera la surface, le rugueux de sa toile, lui conférant une « dimension » (au double sens du mot) de mur.

Les cernes dans *Umgriff* retenaient un instant la lumière, *Eile* retrouve cet équilibre : l'instant d'avant l'effondrement où ce qui tient le mur – double mouvement des obliques, effets repris de fer forgé, rambarde, etc. – est également ce qui peut le fissurer et l'ouvrir. Dans un cas comme dans l'autre ce que l'œuvre donne elle le reprend, par excès ou par défaut. Le retrait a lieu dans l'œuvre; l'œuvre plus encore que métaphore du phénomène est donc métaphore de son retrait.

L'on pourrait traduire *La caduta o la notte* par « la déchue ou la nuit », allégorie énigmatique, que l'on pourrait lire aussi problématiquement peut-être comme celle de ce retrait même. Sans revenir sur l'analyse de *Eile*, « se hâter » signifie bien à cette date où Klee sait le nom de sa maladie, que celle-ci est incurable. Sur fond d'histoire et de détresse, tout ce qui peut apparaître doit apparaître dans l'urgence de sa donation avant que tout ne soit repris, qu'une nuit, qu'aucun corps de femme ne pourra dire (pas même dans *Umgriff*), ne vienne tout reprendre. L'œuvre, en tant qu'apparaître de l'apparaître, sauve et sauve là où est le danger mais ne sauve selon le cercle de l'angoisse que pour condamner à nouveau, d'un geste. Par la grâce de cette oblique qui se détourne d'elle-même, ce qui se donne se donne, et que cela se donne est au plus près de cette grâce, d'autant plus près qu'en leur tangence, ces lignes ont réduit l'écart qui définit l'œuvre, l'ont réduit au minimum, à la confusion de ces deux invisibles, si bien que ce qui est rendu visible l'est de tout son prix, de tout son poids, (l'œuvre ne pèse-t-elle pas sur nous, alourdie par le mot *Eile*, d'impossible). L'œuvre est pourtant ce possible au cœur même de l'impossible.

Comme *Eile* tenait en *Umgriff* et *La caduta o la notte* en *Nudo disteso*, il est des motifs qui dans l'œuvre sont plus que des motifs, des leitmotive qui mettent en scène l'œuvre et tiennent en elle, parfois l'expliquent. Comme les œuvres s'opposent, s'opposent l'astre rond de Klee et la niche des architectures de Sironi. Ils sont l'expression de l'unité ou au contraire du montage et deviennent celle de l'angoisse ou de la mélancolie, car même noir le soleil n'est jamais pour Klee celui de la mélancolie, il est noir d'une nuit intérieure et reste toujours, même désespérément, le signe de l'apparaître.

Signe de l'apparaître quand la niche est celui de l'encryptement, de la pétrification, de l'oubli, de la prévision. Souvenons-nous de cette lettre de Boccioni où il décrit Sironi au début de son œuvre en proie à une crise de mélancolie grave, ne vivant qu'en compagnie de bustes – vingt ou vingt-cinq dit Boccioni – et ne sortant plus, occupé à un dialogue impossible. La lettre est datée de 1910 et adressée à Severini : « Sironi est complètement fou, il s'est enfermé en lui-même, il ne sort pas de chez lui. Il ne fait plus l'amour, il ne parle plus, il n'étudie plus, c'est réellement douloureux. Ils vont le mettre dans une maison de repos : imagine qu'il a rempli sa maison de moulages et de copies qui pourraient servir à reproduire une tête quelque vingt ou vingt-cinq fois[1]. »

1. Lettre d'août 1910 de Boccioni à Severini citée par F. Benzi dans *Mario Siironi*, éd. P. Daverio, Milan, New York, 1989, p. 15.

On raconte aussi cette anecdote : comme il traversait le lac de Côme il tenait les yeux baissés pour ne pas voir la beauté du paysage qu'il aurait voulu recouvrir d'une couche de peinture noire avec d'énormes pinceaux[1]. C'est sommairement dit mais l'œuvre de Sironi tient entre ces deux anecdotes, entre cet effroi du beau dont la généalogie pourrait tenir du sublime kantien ou du démonique de Goethe, et d'autre part, cette obsession méticuleuse et désespérée. La niche est pour Sironi le lieu où une image viendrait prendre place, un écrin noir, le contraire ou le même, le complément de ce qui est immense dans la nature ou sa forme déchue, son équivalent habité : la périphérie urbaine par exemple.

Il est singulier de voir en ces années, dans la doublure d'une sorte d'anthropologie philosophique, le sujet métaphysique se survivre à lui-même à la fois comme sujet esthétique et comme sujet mélancolique. Il est probable que ce sujet de la mélancolie moderne naisse dans le thème du sublime tel qu'il a pu s'élaborer au XVIIIe dans un cadre explicite dont les prétentions ne sont qu'empiriques. C'est dans cette définition d'un sujet « esthétique » essentiellement mélancolique que peut être résolue l'aporie qui consiste à dire que l'œuvre est l'apparaître de ce qui n'apparaît pas : la vanité, ou mieux, l'œuvre que l'on a fini par appeler mélancolie. Henri de Gand qui lit Dürer ajoute à la thèse de Ficin que le mélancolique n'est pas condamné irrémissiblement à sombrer mais peut voir, le saturnien aurait même une capacité de représentation extrême de l'espace, ainsi qu'en témoignera la figure du géomètre, figure que reprend Sironi et qu'il intitule *L'architteto* (1922)[2]. Selon cette tradition le mélancolique serait

1. Archives A. Sironi.

2. *L'architteto*, 1922, huile sur toile, 70 × 60 cm, collection privée, Milan.

Nous n'avons mentionné que brièvement ce tableau de Sironi, qui en lui-même ne présente qu'un intérêt plastique limité. Ce tableau représente toutefois un élément fondamental pour comprendre l'appartenance de l'œuvre de Sironi au territoire culturel de la mélancolie. On sait en effet grâce à l'ouvrage de Panofsky, Saxl et Klibansky l'importance que l'art du géomètre, de l'architecte et du charpentier occupent dans l'iconographie de la mélancolie à partir du XIVe siècle, alors qu'on voit se développer la personnification scolastique des arts libéraux (et l'on sait l'intérêt porté par Sironi à cette période post-médiévale, aube de la Renaissance italienne). C'est même d'une allégorie de la géométrie, publiée dans l'une des encyclopédies des plus répandues en Europe au XVIe siècle, la *Margarita Philosophica* de Gregor Reisch, publiée en 1504 à Strasbourg que Panofsky, Klibansky et Saxl font dériver directement la représentation de la *Melancholia I* de Dürer, d'après les différents instruments qui en jonchent le sol : scie, rhomboïde, compas, sphère, meule, etc. Pour ces auteurs, la *Melancholia I* serait une « synthèse symbolique du *typus Acediae* et du *typus Geometriae* » (p. 493). Il est d'autant plus important dans ce contexte de rappeler les études d'ingénieur entreprises par Sironi, sa collaboration étroite avec l'architecte Muzio, ainsi que les rapports que son œuvre entretient avec l'architecture. Il peut également apparaître éclairant dans le contexte de cette mélancolie sironienne

mélancolique de sentir ses facultés intellectuelles bloquées par les frontières du visible. Henri de Gand comprend ainsi ce moment : c'est justement parce qu'il bute contre les murs du visible que dialectiquement le mélancolique voit et crée. Nous l'avons dit c'est quand la visée intentionnelle vient buter contre cette paroi, niche ou mur, que ce que nous avons défini comme le retrait a lieu. La niche est comparable à la fenêtre noire des immeubles des périphéries, et témoigne de la même et erratique volonté de construire un espace.
Ce retrait est le même que la donation, il semble ici prendre la donation à revers, la provoquer par une sorte de court-circuit où l'un et l'autre ont lieu à la même seconde.

Cette niche et ces fenêtres sont comme des motifs repris de l'univers de de Chirico, mais à fin d'un projet étrangement contraire. Pour de Chirico « tout objet a deux apparences : celle de tous les jours et que nous voyons presque toujours et qui est celle que voient les gens en général, et celle, spectrale ou métaphysique, que ne perçoivent que de rares individus dans des moments de clairvoyance et d'abstraction métaphysique, comme c'est le cas de certains corps solides que le soleil ne peut pénétrer, mais que l'on peut voir grâce, par exemple, aux rayons X ou d'autres moyens puissants et artificiels[1] ». De Chirico que l'histoire de l'art, certes à raison,

et dans ce qui l'unit au sublime kantien de rappeler les deux exemples de sublime mathématique donnés par Kant, deux exemples architecturaux, dont le sublime est lié très précisément à l'opération de calcul – impossible – qu'ils requièrent : Saint-Pierre de Rome et les Pyramides d'Égypte. Là encore, dans ces deux exemples, l'imagination est confrontée à ses limites, aux limites de sa faculté de compréhension, lorsqu'elle atteint le maximum de ce qu'elle peut appréhender et comprendre à la fois, et qu'elle est confrontée à l'infinité de ses possibilités d'appréhension par opposition à la finité de sa compréhension : « C'est ce qui permet de comprendre la remarque de Savary qui dans ses lettres d'Égypte note que pour ressentir toute l'émotion provoquée par la grandeur des Pyramides il ne faut en être ni trop proche ni trop éloigné. Vus de trop loin les éléments qu'on en perçoit (les pierres superposées) ne sont représentés que confusément et leur représentation reste sans effet sur le jugement esthétique du sujet; mais, de trop près, l'œil a besoin d'un certain temps pour parvenir à une appréhension complète de la base jusqu'au sommet; cependant, au cours de cette appréhension, les premiers éléments s'estompent toujours en partie avant que l'imagination n'ait saisi les derniers, et la compréhension n'est jamais totale. Ce qui suffit à expliquer le désarroi ou cette sorte d'embarras qui à ce que l'on raconte saisit le spectateur lorsqu'il pénètre pour la première fois dans la basilique Saint-Pierre de Rome. Il éprouve alors en effet le sentiment que son imagination est impuissante à présenter l'idée d'un tout; cette inadéquation de l'imagination est l'indice qu'elle atteint alors son maximum; dans l'effort pour en repousser les limites, elle retombe en elle-même, mais est ainsi transposée en une satisfaction émouvante » (*Critique de la faculté de juger*, p. 191-192).

1. De Chirico, « *Sull'arte metafisica* », *Valori Plastici*, Rome, avril-mai 1919. Cité par M. Owen dans « G. de Chirico et la perspective métaphysique », *Cahiers du musée national d'art moderne*, n° 11, Centre Georges Pompidou.

présente en fait comme le peintre de la mélancolie serait plus celui de la donation, de cet apparaître quand « le soleil ne peut pénétrer ». Certes les thèmes chiriquiens sont de mélancolie mais toujours règne, royale encore qu'hésitante, l'hypothèse de cet apparaître, mise en attente mais imminente. Pour de Chirico l'œuvre ouvre, chez Sironi elle ferme et quand le soleil perce, il est « artificiel » et avoué comme tel. Reprenant le mot « artificiel » à la phrase de de Chirico nous l'emploierons ici au sens où l'on parle d'un éclairage artificiel qui, des *Constructeurs (I costruttori)* de 1929 à *Nudo disteso* de 1940, des périphéries aux compositions murales, vient creuser d'ombre les niches et les recoins de l'architecture close sur elle-même de ce monde, où la lumière du soleil est absente pour avoir été trop présente, effrayante de splendeur en somme et désormais « couverte à grands coups de pinceaux ».
Le soleil de Klee est étranger radicalement à la pensée et l'univers de Sironi ; la mélancolie de de Chirico n'est douce que parce que cette lumière perce et éclaire la solitude des signes et oriente les perspectives contraires qui fondent cette solitude. La mélancolie sironienne est radicale, aussi les motifs de cette mélancolie prennent toute leur gravité, ils pèsent de leur poids d'ombre.

Notre regard même s'encrypte, le tableau n'a pas à proprement parler de « centre » de lumière pas plus que de médiateur – la silhouette d'un personnage vu de dos – comme chez Friedrich ou ailleurs Böcklin, et même chez de Chirico reprenant Böcklin pour « perdre » ce médiateur dans l'espace. De la même façon qu'un angle de mur, une façade vient retarder notre visée, l'arrêter en vain un instant sur une paroi de lumière factice, le regard ne peut plus s'identifier à celui d'un quelconque intercesseur, notre visée est livrée à elle-même pour s'anéantir, à chaque palier, dépossédée de son objet un peu plus évidemment. Le peintre, géomètre par excellence, est condamné par l'usage de ce dispositif perspectiviste à un faux-infini, à créer l'illusion d'un espace par la seule combinaison de rapports de proportion. Il est bien alors le mélancolique par excellence. La mélancolie moderne

Pour l'analyse de *Malinconia* de Sironi on se reportera également au texte de Jean Clair « Sous le signe de Saturne, note sur l'allégorie de la mélancolie », *Cahiers du Musée national d'art moderne*, n° 7-8, p. 177, ainsi qu'au *Catalogue des réalismes*, Centre Georges Pompidou, 1981. Il faut être reconnaissant à Gérard Régnier d'avoir été le premier à diffuser l'œuvre de Sironi en France.

joue sur ces deux apories de la construction de l'espace et parfois sur leur conjugaison : le montage, la juxtaposition et la perspective. L'ambiguïté du mouvement qui s'élabore dans l'œuvre de de Chirico et de ses successeurs, se mesure dans l'usage qu'ils vont faire du dispositif perspectiviste. De Chirico le réutilise, le réinvente pour avérer son ambiguïté, pour en extraire sa dimension d'énigme. Sironi tout en conservant cet acquis et essentiellement cette « énigme » (c'est aussi le mot dont use Husserl[1]) la traduit en termes d'inquiétude et d'étrangeté sans pour autant qu'il soit question d'« inquiétante étrangeté ». Au lieu de fausser la perspective, de la fermer, de la contredire, refermant ainsi l'espace sur lui-même, Sironi lui laisse avouer moins son incomplétude (incomplétude dont l'arc est l'emblème) que la profonde inadéquation de cet espace à la vie[2]. C'est pourquoi il semble possible d'affirmer que l'espace sironien est creusé par l'intentionnalité comme le serait une crypte : la niche et les fenêtres noires ouvertes dans les murs en sont la métonymie.

De Chirico joue dans l'espace un perpétuel effet de surprise, d'apparaître donc, au contraire Sironi prévoit tout, créant un espace qui n'est pas étranger au nôtre mais étrangement creusé de gravité et d'inutilité en même temps. Les fenêtres de Sironi ne sont pas de fausses fenêtres comme dans le théâtre d'ombres chiriquien mais les cadres d'une absence d'étants produisant ce *ne-ens*. Elles contribuent à ce que l'œuvre se referme sur elle-même, à ce que l'encryptement ait lieu.

Le contraire donc de l'astre, soleil, lune, dans l'œuvre de Klee qui est toujours le hublot de l'apparaître.

La niche, l'arc était le signe de l'incomplétude, une forme construite à partir d'un demi-cercle, l'astre de Klee autant qu'une source de lumière est un cercle parfait.

L'arc ou la niche sont les lieux de l'ombre, l'astre celui de la lumière, forme interrompue, brisée, s'opposant à une forme plénière, lieux d'ombre ou pôle de lumière, l'un et l'autre néanmoins excoriés de silence. Arc ou

1. Husserl, *Ideen I*, IIe section, chap. 2 (73).

2. Comment, employant ici le mot « vie », ne pas se référer et ne pas penser au livre de M. Henry, *Voir l'invisible*, où cette notion devient un concept cardinal. « Dans la nuit s'élaborant les possibles non nés, les volontés inespérées de la vie, tout ce qui avant de déployer son être extatique dans la lumière n'existe qu'en tant que ce pouvoir immergé en lui-même et qui jouit de tout ce qu'il peut faire » (p. 241).

demi-cercle, cette image est déjà présente chez de Chirico, il s'en explique dans un numéro de *Valori Plastici* en avril-mai 1919[1] : « il est bon de rappeler ici quelques réflexions d'Otto Weininger sur la métaphysique géométrique : … "l'arc de cercle comme ornement peut être beau : il ne signifie pas le total accomplissement, qui ne prête plus flanc à la critique comme le serpent de Milgard qui s'enroule autour du monde. Dans l'arc, il y a encore quelque chose d'incomplet, qui a besoin et est capable d'accomplissement : il laisse encore pressentir. Pour cette raison l'anneau est toujours symbole de quelque chose d'amoral ou d'immoral". Cette pensée qui éclaircit pour nous l'impression éminemment métaphysique que m'ont toujours fait les portiques et en règle générale les ouvertures en arcades ». De Chirico dans le même article poursuit : « On a toujours vu dans les figures géométriques des symboles d'une réalité supérieure. Par exemple le triangle servi *ab antico* sert encore aujourd'hui dans la doctrine théosophique de symbole mystique et magique, et il est vrai qu'il éveille souvent chez celui qui le regarde, même s'il ne connaît pas cette tradition, une impression d'inquiétude et même de peur. (Ainsi les équerres ont

toujours obsédé et obséderont toujours mon esprit; je les vois sans cesse surgir comme des astres mystérieux derrière chacune de mes compositions picturales.) » De Chirico emploie à la fois le mot « astre » et dit « surgir » « derrière chacune de mes compositions picturales », évoquant ainsi un apparaître qui serait à l'œuvre dans la composition apparemment mélancolique. Ces mêmes signes : l'astre, nous venons de le montrer, mais aussi l'équerre, reviennent dans les compositions de Sironi mais selon un principe différent; l'équerre dans *L'allieva* (1923-24)[2], même si ce tableau est l'un des plus proches de l'esprit de de Chirico, pèse de son poids de sévérité austère, indiquant une direction reprise mais contredite ou affirmée par la pyramide dans l'angle droit de la composition. Les deux formes ont un sens qui pourrait dans une analyse plus détaillée être comparé à celui de la flèche pour Klee, mais là où pour l'un l'élément est dynamique, pour l'autre il est résolument le contraire : l'élément d'immobilité, immobilité tendue dans ce tableau entre ces deux extrêmes.

1. Pages 15-18, traduit par F. Roche in *Catalogue des réalismes*, p. 82.
2. M. Sironi, *L'allieva*, 1923-24, huile sur toile, 97 × 75 cm, collection privée, Vérone.

Le cercle est bien l'élément cosmique par excellence, dans le paragraphe 35 des *Esquisses pédagogiques* consacré au cercle, Klee écrit : « la dernière forme de dynamique peut être entendue par une amenée mobile du pendule. Le sens de cette labilité du point d'amenée se répercute sur l'extension indiquée des formes dynamiques. Mais la plus pure des formes en mouvement, la forme cosmique, n'apparaît qu'avec la supposition de la pesanteur (avec la disparition des amarres terrestres). Il faut imaginer cet événement survenant au milieu d'un simple mouvement de pendule. Le pendule s'élance alors en cercle, la plus pure des formes dynamiques. La nécessité d'un mouvement de va-et-vient disparaît : la nouvelle forme demeure la même, que le démarrage ait lieu dans un sens ou dans l'autre[1] ». « Plus pure des formes dynamiques » répond à la sphère dont le centre est le point gris : « les points noirs et blancs sont les pôles. Le point gris (centre de la sphère) est équidistant des cinq éléments fondamentaux : blanc, bleu, jaune, rouge, noir. Tel est le canon de la totalité[2]. »
Ce cercle devenu sphère dans l'œuvre, brûlante, trouant la nature morte que l'on croit communément être le dernier tableau[3].

Ces deux symboles opposés peuvent aussi devenir ceux de l'attitude politique des deux artistes. Souvenons-nous encore des derniers mots de la conférence – de *L'Art moderne* – de Klee : « il m'arrive parfois de rêver une œuvre de vaste envergure couvrant le domaine complet des éléments de forme [...]. Nous cherchons ce soutien populaire, nous avons commencé, au Bauhaus avec une communauté à laquelle nous donnons tout ce que nous avons. Nous ne pouvons faire plus[4] ». Le projet de Klee, identifiable à ce cercle qui est aussi la structure organisatrice de tant de notes de travail de *La Pensée créatrice*[5], existe bien et est cosmique. Il s'est incarné dans l'expérience du Bauhaus comme celui de Sironi se matérialise dans le fascisme.

1. P. Klee, *Théorie de l'art moderne*, p. 126.
2. *Ibid.*, p. 65.
3. P. Klee, *Ohne Titel*, 1940, huile sur toile, 100 × 80,5 cm, collection particulière, Suisse. Voir *Paul Klee, L'Œil en trop*.
4. P. Klee, *Théorie de l'art moderne*, p. 33.
5. P. Klee, *La Pensée créatrice*, t. I et II, Paris, Dessain et Tolra, traduction établie par S. Girard, 1973-1977.

Dans l'année 1937 un tableau a dans l'œuvre de Klee une situation de manifeste : *Revolution des Viaduktes* est la dernière version d'une suite de cinq tableaux sur le même thème. Felix Klee commentera longuement cette série ou plutôt ces cinq versions, *Unter dem Viadukt* (1937/77) ; *Brückenbogen treten aus der Reihe* (1937/ 111) ; *Türe spielen Komödie* (1937/112) ; *Seltsame Jagd* (1937/152) ; *Revolution des Viaduktes* (1937/153). La signification politique de *Revolution des Viaduktes* transite par celle de *Brückenbogen treten aus der Reihe*, titre-poème repris d'ailleurs par Felix Klee[1]. L'ensemble des commentaires, ceux de Haftmann en 1950, Grohmann en 1954, Schmidt en 1960, Linnenkamp en 1966, Felix Klee lui-même converge en une interprétation de l'œuvre comme polémique. Il s'agirait là d'une caricature du régime nazi et les commentaires soulignent tous l'absence de tête de ces formes en marche. Cette interprétation est remise très justement en question par l'article de O. K. Werckmeister[2] qui pour la première fois note bien le passage entre les deux tableaux. Dans *Brückenbogen treten aus der Reihe*, le titre affirme clairement la métaphore militaire, mais « rompre les rangs » ne signifie pas forcément qu'une

armée anonyme avancerait vers le spectateur. C'est au contraire l'idée de désordre, un désordre organisé par une autre volonté que grégaire, qui domine : chaque arche regagne son individualité. Certes, briser les rangs est une expression explicitement militaire – et insérant ce titre parmi les titres-poèmes de l'année 1937, Felix Klee accréditait encore l'interprétation politique à un premier niveau, menace brune, puissance anonyme avançant vers le spectateur. Si cette interprétation ne peut pas être totalement réfutée dans le premier tableau, elle peut être clairement dépassée dans l'analyse de *Revolution des Viaduktes.* Est affirmée la rupture du plan, une double rupture, celle de l'idée frontale où les arches du viaduc objectivées marqueraient bien la possibilité d'une avancée, de la construction dans l'espace conçue comme la monumentalisation organique du paysage allemand par le régime et repris dans les projets architecturaux de Speer. Mais cette première rupture – chaque arche marche pour elle, sans solidarité

1. P. Klee, *Brückenbogen treten aus der Reihe*, 1937, peinture sur tissu marouflé, 42,6 × 42 cm, The Salomon R. Guggenheim Museum, New York; P. Klee, *Revolution des Viaduktes*, 1937, huile sur toile, 60 × 50 cm, Kunsthalle, Hambourg.

2. O. K. Werckmeister, « *From Revolution to exile* », *Catalogue Museum of Modern Art*, New York, 1987, p. 39 *sq.*

avec l'autre, parfaitement individuelle – est redoublée par une seconde. Le pont, les arches, les arcades impliquent une visée intentionnelle, une construction en perspective : c'est ici exactement le contraire qui est mis en œuvre par Klee, non pas la fuite de mon regard selon le couloir tracé par les arcs vers le fond du tableau mais l'avancée à partir du fond du tableau de l'arc vers moi, une avancée qui, si elle ne coïncide pas encore avec celle de la lumière dans le premier tableau, coïncide dans le second. Le mouvement des arcs du fond du tableau vers mon regard porte également, mais aussi est porté par la lumière, ce mouvement du fond vers moi est bien celui que nous avons reconnu comme celui de l'intuition donatrice qui, ici, s'affirme le plus nettement selon un motif dont l'usage plastique, architectural, politique, a toujours coïncidé avec le mouvement de l'intentionnalité. Klee subvertit donc ce motif, lui assigne de se plier au mouvement propre, interne, intérieur de la logique créatrice. Le mouvement est bien, les commentateurs l'ont remarqué, négativement un mouvement d'avancée sans repère, mais ce mouvement est avant tout propre à la pensée de Klee, et à ces dates précisément avec une autorité qui n'aura plus d'ombre. L'interprétation politique est cependant seconde à partir de l'instant où elle entre dans la construction de cet espace de donation intuitive. Il est remarquable dans la construction en diptyque que nous essayons de produire, que l'instauration de cette donation intuitive ait lieu à partir d'un motif ordinairement contraire, de sa profonde et totale subversion. Autant les arches, arcs, niches de Sironi guident notre visée intentionnelle, autant les arches de Klee, ici, la mettent en déroute.

Le pont qui au fond de la *Mélancolie* (1928) de Sironi traverse le paysage et les arches précisément de *Periferia* (1925-28)[1] qui obligent mon regard à suivre leur rythme, le guident vers le point sans fin où ils doivent aboutir, et présentent bien le modèle de ce motif d'intentionnalité, que Klee subvertit ici au plus haut point. C'est cependant moins le motif qui est subverti – la lecture politique est secondaire – que la pensée de l'espace à partir du motif. Que l'intuition donatrice se manifeste selon ce motif n'est qu'un signe supplémentaire de l'ironie de Klee ; chaque arche comme un individu regagne son individualité, rompt les rangs. Au statisme des œuvres de Sironi, à la pétrification en accord avec le motif architectural

1. M. Sironi, *Periferia*, environ 1925-1928, tempera sur papier, 23 × 34 cm, collection privée.

qui les contraint et qui, dans son cadre, solide, permet à mon regard d'errer, s'oppose la vie intérieure du motif. L'arche rendue vivante, colorée, lumineuse, ayant conquis son individualité pour se mouvoir, avancer, devancer mon regard. Quand Sironi accentue le procès de minéralisation, de pétrification, rend les architectures en peinture plus solides qu'elles ne sont, en fait des ruines au présent, Klee anime l'élément doublement rebelle à cette vie organique parce qu'organisé selon une structure collective rigide mais aussi parce que minérale.

Quand Sironi « pétrifie », Klee fait vivre la pierre, quand pour l'un l'arche se creuse d'ombre, pour l'autre elle vibre de lumière. Après que le motif a été mis à plat sur la surface particulièrement plane, neutralisée par la tapisserie ou le tissu dans *Brückenbogen treten aus der Reihe*, Klee l'intègre à l'espace de cette donation intuitive dont la lumière intérieure qui produit l'avancée du motif est le moteur, bien plus que le motif lui-même.

À l'expression collective, métaphorisée par l'alignement des arches, se substitue, à partir de cette connotation pour Klee, l'expression d'une individualité qui condamne donc, à partir de la phénoménalité propre à

l'œuvre des dernières années, l'interprétation admise. Les deux titres font effectivement référence à la fois à l'anthropomorphisme et à la métaphore militaire, le mot « révolution » n'apparaît dans le catalogue de Klee qu'en cette occurrence après le dessin perdu de 1933 *Révolution dans la maison*. Le mot « révolution » – l'article de O. K. Werckmeister est à cet égard éclairant – ne doit pas s'entendre comme révolution nationale mais dans un sens propre et réinvesti par Klee.

Au moment où l'œuvre de Sironi se vassalise à l'architecture, condamnant le tableau, il ne se conçoit qu'en regard d'elle selon une monumentalité voulue par le fascisme : Klee rend dans le tableau et par le tableau à sa liberté le motif de la contrainte. L'avancée de l'arche est le contraire des cirques antiques ou stades fascistes ou nazis réels ou en projet, symboles de deux régimes totalitaires.

L'œuvre de Klee est le contraire de cette masse circulaire percée d'arcs et de niches qui revient tel un leitmotiv dans l'art de Sironi, le contraire également de ces arches réellement construites lors de la Triennale de Milan en 1933 qui devaient guider, souligner, l'allée vers le monument. Ces formes, expressions d'une communauté du peuple, matérialisées et scandées dans l'architecture sont ici par Klee détournées, renforçant par là même, pour lui, le primat de la peinture affirmé dès ses cours, repris dans *La Pensée créatrice* : « c'est pourquoi nous devons transporter les constructions de l'architecture sur le domaine purement statique et sur un domaine statique qui s'apparente plus ou moins au domaine dynamique. Dans les secteurs de l'art qui relèvent davantage de l'esprit, comme par exemple la peinture, il est bien entendu possible de disposer d'une plus grande mobilité et d'alterner à volonté statique et dynamique. La possibilité, localement partielle, de traiter un sujet sur le mode purement dynamique relève de l'intellect[1]... ».

Au-delà donc de la réappropriation du mot « révolution » par Klee et de la mise en déroute de ce motif si largement connoté, si la forme qui avance vers nous n'est pas celle de l'armée en marche du nazisme mais bien la puissance en œuvre de cette intuition donatrice, l'analyse de O. K. Werckmeister reste néanmoins réductrice. La lumière en 1937, qui coïncide avec celle de l'intuition, est celle de l'angoisse. Il ne faut donc pas lier cette angoisse au motif leitmotiv de l'expression totalitaire mais bien plutôt à celle proprement ontologique que la maladie à cette date révèle. L'angoisse annexe le motif, le détourne et enfin l'abolit : la lumière est celle de cette angoisse où ce qui se donne se donne dans ce face à face et ce mouvement que l'œuvre met en espace. La puissance de cette lumière d'angoisse est dense au point de faire céder l'angle de vue polémique ou politique. Ce qui avance pour être libre n'en est donc pas moins effrayant mais d'un effroi qui n'est pas politique, bien qu'à partir d'un terme politique (ce qui dans une certaine mesure explique la confusion générale en regard d'un tel tableau, y compris celle de Felix). Le motif est d'évidence celui d'une liberté individuelle mais clos dans une ligne qui emprisonne la lumière. L'œuvre porte effectivement une angoisse qui la fonde, mais c'est parce que cette angoisse s'individualise que le terme politique ne fait que la servir. Sortir du rang c'est aussi regagner sa mort propre, sa vie propre, son destin propre. Dans le « chacun pour soi » des arches se désolidarisant de leur architecture commune, la mesure du destin individuel s'affirme et s'affirme dans et selon l'angoisse. Le retrait, le moment de la disparition, est bien au demeurant présent hypothétiquement dans le tableau, dans un

1. P. Klee, *La Pensée créatrice*, t. I, p. 187.

hors-tableau qui n'est pas un hors-cadre. L'avancée du motif me déborde, sort du tableau, avance vers moi, modifiant littéralement mon vécu positionnel, m'obligeant à reculer. Je dois reculer mais ne le peux, le retrait est donc métaphorisé là encore par ce passage de la frontière, de l'écran, franchissement qui m'obligera à perdre ma position, à me détourner, à reculer, à perdre de vue ce que je vois.

Les œuvres de Sironi tout à l'opposé m'assignent à tenir un point de vue symétriquement immobile à l'immobilité née de la pétrification en l'œuvre. Je reste alors sur mes positions, ma position à partir d'elle, ma visée vise ce qu'elle ne peut viser, et malgré les objectifs vise en fin de compte dans le vide. Le pont, l'arc, l'arche, la niche y sont les lieux de passage de ma visée vers ce vide. L'ambiguïté entre le motif emblématique du fascisme et l'arc comme cercle interrompu, emblème de la mélancolie, le glissement de l'un à l'autre est chez Sironi permanent et c'est en cela qu'un tel motif devient le symbole même de cette ambiguïté.
Il est donc tout à fait singulier que Klee ait croisé ce motif et que son angoisse ait joué selon ce motif désimprégné en quelque sorte de son explicite assignation au politique pour devenir le motif d'une angoisse qui, bientôt, ne trouvera plus d'alibi.

L'angoisse doit trouver pour être rendue visible, pour « se montrer », des déterminations ontiques. Le mot « thème » est inadéquat : la détermination ontique de l'angoisse, le trait qui va marquer la peur n'est pas celui de telle ou telle peur ou d'une peur toujours même qui circulerait d'un tableau à l'autre. Le trait – l'œuvre – est cette détermination ontique. La fin de l'œuvre de Klee est la mise en scène de peurs en tant que déterminations ontiques d'un invisible qui ne peut apparaître, du moins être montré. Il y a alors identité, nous dirons co-présence, du trait à l'angoisse.

L'angoisse est ce trait. Certes la peur masque l'angoisse mais si les dernières œuvres n'étaient qu'une variation sur la thématique de la peur, elles ne laisseraient en rien être visible, ne pourraient en rien « rendre » visible ce qui est invisible. La condition de l'apparaître est donc cette co-présence : non pas l'angoisse sous la peur, non pas une thématique de la peur, mais l'angoisse même, à l'œuvre dans le trait où qu'il aille et la retrouve.
Que dire alors de cette figure de l'ange dans l'œuvre de la fin : comment la lire comme autre qu'un thème, même contraire à celui de la peur, si nous avons réfuté une telle problématique thématique? L'ange apparaît – *mutatis mutandis* – dans l'œuvre de Klee selon une fonction et une origine que l'on peut lire théologiquement. L'ange entre dans la théologie par euphémisme : il est le mode pour dire le dieu absolument transcendant quand il est proche de l'homme. Dire le nom de l'ange ce n'est pas dire le nom de Dieu. Mais il ne s'agit pas d'établir une angélologie dans l'œuvre de Klee, seulement d'essayer de faire voir que les traits qui « esquissent l'angoisse » s'apaisent parfois et prennent forme d'anges.

1. Voir à ce sujet le bel article de Jean-Louis Chrétien : « Peur et altérité », dans *La Voix nue, phénoménologie de la promesse*, Paris, Minuit, 1990, p. 227. Nous citons : « D'être une angoisse déchue unifie la peur, et rend superflue l'étude de la diversité de ses formes et de ses objets. La description ontique des peurs pourrait se poursuivre à l'infini, elle n'apporterait rien de plus à la vérité ontologique qu'elle nous livre, laquelle réside dans l'angoisse. La peur est alibi, son sens même lui échappe. Le penser revient foncièrement à le surmonter, puisque c'est faire face à ce qu'elle consiste à fuir. » Nous pouvons entendre ce « le penser » à l'œuvre dans les dessins de Klee des années 1939-1940.

L'ange n'est donc pas un thème mais l'apparaître apaisé de ce qui ne peut l'être et que seule l'œuvre peut donner.

L'ange n'est pas un thème ni la décision qui va contredire la peur, il est cette décision en tant qu'il est l'« esquisse » manifestée[1]. Une seule ligne parfois se love en elle-même, s'étend et donne être alors à une forme que je reconnais comme telle du nom d'ange et, parce qu'elle est forme, ce nom s'adjective. L'ange n'est jamais l'ange, il est « encore laid », « féminin », « *militans* »... mais il est le silence en acte, que chaque œuvre recherche. Après le fracas du *Paukenspieler*, après le grondement de *Tief im Wald*[2], ce silence est donné et non conquis, il arrive non pas après l'œuvre mais en elle. Le silence est la plus sûre mesure de la coïncidence de la donation et du retrait, de leur insécable présence en l'apparaître. L'ange n'est là que pour disparaître mais est.

Le silence a besoin de ces lignes, comme la musique a besoin de la matière : cuivre, bois, ivoire ou corps de l'homme. La musique a donc un espace matériel et charnel, mais en même temps son espace est abstrait : l'instrument est visible, mais la musique est invisible. De la même manière pour Klee qui fut musicien, les lignes ici ne représentent pas l'ange, elles sont l'ange; ce qui est représenté, et cela seul, est ce qui l'adjective.

Les anges sont les « répons » silencieux à l'astre, ils sont un événement de ce cosmos dont l'œuvre de Klee est génératrice, et habitent ce cosmos jusqu'à y être confirmés en gloire[3].

Dans l'univers de Sironi, l'allégorie de la mélancolie, ou plus simplement la femme assise dans un paysage, s'oppose à la figure de l'ange. Cette femme dans un paysage immense, « énorme », est à la visée intentionnelle

1. Pour cette définition de l'esquisse voir notre quatrième partie.

2. P. Klee, *Paukenspieler* (Timbalier), 1940, peinture à la colle sur papier, 34,4 × 21,7 cm, Paul Klee-Stiftung, Berne.

3. Il serait intéressant de mettre en parallèle cette conception du cosmos chez Klee et celle que M. Henry a mise en évidence dans l'œuvre de Kandinsky.

« "Cette nature originelle, subjective, dynamique, impressionnelle et pathétique, cette nature véritable dont l'essence est la vie, c'est le cosmos."

Une proposition fulgurante de l'article du *Blaue Reiter*, soulignée par Kandinsky lui-même, définit l'*Archè* où l'Art et le cosmos sont identiques : "le monde est rempli de résonances. Il constitue un cosmos d'êtres exerçant une action spirituelle. La matière morte est un esprit vivant" » (M. Henry, *Voir l'invisible*, p. 236).

ce que l'ange est à l'intuition donatrice. Elle est cadrée dans la perspective et répond à la visée intentionnelle, placée sous son projecteur, elle est le témoin du paysage en tant que ce paysage est l'expression du démonique, comme l'ange était le témoin du cosmos. Dans *Figura e lago*[1], témoin, cette femme l'est passivement, elle ne prend pas le relais de notre regard, ne s'interpose pas comme dans les tableaux d'un Friedrich entre ma visée et ce que je vise : elle emblématise ma visée, elle est l'allégorie de la mélancolie du peintre. Femme-statue pétrifiée, elle est aussi une femme-montagne prise par le lieu, se mimétisant à cette nature dont on ne peut dire qu'elle l'incarne tant l'incarnat de son corps est absent, tant la lumière donne à son corps un contour de montagne, le sculpte, l'éternise.

On ne peut parler de portrait. Allégorie, cette femme l'est doublement : mélancolie et terre-mère, elle permet à Sironi d'éterniser sa visée, c'est-à-dire de conférer à ce qu'il voit une charge d'éternité effrayante mais aussi de laisser le regard errer et se perdre dans cette éternité même.

Le regard n'est pas porté mais s'identifie, avant de se perdre, à cette femme ; elle détourne en quelque façon le regard de ce paysage qui, sans elle, serait une manifestation du sublime telle qu'on peut l'entendre comme la première formulation fondatrice d'un sujet esthétique moderne. Pour Burke et Kant on ne peut établir une dissociation entre ce qui est sublime et l'affect sublime. Chez l'un et l'autre, un flou terminologique scande la lecture, flou et ambiguïté entre l'objet sublime – qu'il s'agisse de l'océan déchaîné pour Kant ou de l'enfilade des colonnes du Parthénon pour Burke – et le sublime en tant que le sujet l'éprouve. Le mot désigne donc indifféremment ou alternativement l'objet ou le sujet affecté. On pourrait établir un rapport de correspondance entre ces thèmes sublimes – on pense évidemment à cette image de l'enfilade des colonnes – et les tableaux de Sironi[2].

1. M. Sironi, *Figura e lago*, environ 1930, huile sur toile, 75 × 63 cm, collection privée, Milan.

2. La description du sublime traditionnellement citée de la *Critique de la faculté de juger* – « Le surplomb audacieux de rochers menaçants, des nuées orageuses s'amoncelant dans le ciel et s'avançant parcourues d'éclairs et de fracas, des volcans dans toute leur violence destructrice, des ouragans sentant la désolation, l'océan sans limite soulevé en tempête, la chute vertigineuse d'un fleuve puissant, etc. réduisent notre faculté de résistance à une petitesse insignifiante comparée à leur force » – semble avoir dissimulé ce que le sublime kantien peut avoir de proprement mélancolique dans les représentations qu'il offre de lui-même. On croit lire des descriptions de toiles de Sironi lorsqu'on lit par exemple :

Dans ce paysage archétype, montagne, lac, arbre aux branches coupées, paysage totalement minéralisé, cette femme le plus souvent de profil oblige ma visée à un angle qui détourne ma visée de ce paysage dont la femme elle-même se détourne *(La fata della montagna*, 1929;

« Le sublime en revanche se rencontre aussi bien dans un objet informe, pour autant qu'y soit représentée cette absence de délimitation, ou que l'objet permette de le faire, et que néanmoins on puisse de surcroît penser la totalité de l'objet », p. 182. (*Paesaggio verde*, 1928, huile sur bois, 73 × 94 cm, collection privée, Rome. Ou autre paysage sans titre, analogue 1939-1940, détrempe sur papier, 147 × 201 cm).

« Si la nature suscite l'idée du sublime, c'est le plus souvent à la vue de son chaos ou de son désordre et de sa désolation les plus sauvages, les plus déréglés, là où ne règnent que grandeur et puissance », p. 184. (On peut y lire la vision d'une périphérie autant que celle d'une montagne, selon l'assignation donnée au chaos.)

« Un arbre, évalué d'après une échelle humaine, donne à tout le moins un critère de mesure, pour une montagne, et si celle-ci avait environ un mille de haut, elle peut être utilisée comme unité du nombre qui correspond au diamètre terrestre pour en donner l'intuition ; le diamètre terrestre peut servir pour le système planétaire que nous connaissons, celui-ci pour la Voie lactée, et la multitude incommensurable de tels systèmes comparables à la Voie lactée, appelés nébuleuses, formant sans doute à leur tour un semblable système, ne nous permettent pas d'espérer ici la moindre limite. » p. 197. (Comment ne pas lire l'arbre-leitmotiv, l'arbre décapité des œuvres de Sironi ? Contrepoint de la montagne ou de la femme au point intermédiaire entre l'une et l'autre.)

« Saussure, aussi spirituel que profond, écrit en rapportant son voyage dans les Alpes, à propos du Bonhomme, l'un des massifs de la Savoie, qu'il "y règne une certaine tristesse insipide". Il connaissait donc aussi une tristesse intéressante, celle qu'inspire une vision d'une région désertique où certains aimeraient se retirer afin de ne plus rien savoir du monde ni en avoir d'écho, mais qui ne serait pourtant pas si totalement inhospitalière qu'elle ne pût leur offrir qu'un séjour extrêmement pénible. », p. 222. Ainsi nous retrouvons la quasi-description de ce tableau que nous considérons comme emblème, ces montagnes peintes en 1940 (60 × 51 cm, collection privée). Et au-delà, toute montagne peinte par Sironi, comme l'analogue de la périphérie, le même, mais le même traversé, habité par la déception du monde, et qui ne serait pas « si totalement inhospitalière qu'elle ne pût leur offrir qu'un séjour extrêmement pénible ». Nous nous référons à la traduction de A. Delamarre, J.-R. Ladmiral, M.-B. de Launay, J.-M. Vaysse, L. Ferry et H. Wismann, publié dans la « Bibliothèque de la Pléiade », Paris, Gallimard, 3 tomes, 1980-1986.

Bien que les citations de Kant puissent paraître au premier abord étrangères à notre propos, il nous semble retrouver au contraire dans l'analyse du sublime kantien non seulement un parfait exemple de l'analyse traditionnelle de la mélancolie imaginative chez Agrippa von Nettesheim, mais les prémisses d'une analyse plus moderne, notamment celle, économique, de Freud, de la mélancolie. Il est évident que l'analyse de la mécanique du sublime (autant mathématique que dynamique) chez Kant exhibe les schèmes qui à leur tour nous permettent de déchiffrer le travail du regard exigé par le tableau.

On remarquera, entre autres, deux points dans la présentation kantienne du sublime. D'une part, le fait que de toute évidence, celle-ci est fondée sur ce postulat de l'esthétique transcendantale, selon lequel l'imagination, tout intuitionnante soit-elle, demeure en tant que strictement productrice de schèmes, *aveugle*. Cette cécité de l'imagination ne peut pas ne pas évoquer le regard fuyant de la *Melancholia I*, regard qui, comme le montre J.-L. Marion, se désintéresse du visible pour se suspendre au vide. D'autre part, il est impossible de méconnaître que la mort même de l'affect sublime, ce « sentiment d'un soudain blocage des forces vitales, suivi aussitôt d'un épanchement d'autant plus puissant de celles-ci » renvoie très exactement au schéma thermodynamique par lequel Freud expose comment la *libido* du mélancolique s'épuisant par un « trou » dans le psychisme provoque en retour un emballement de la production idéative.

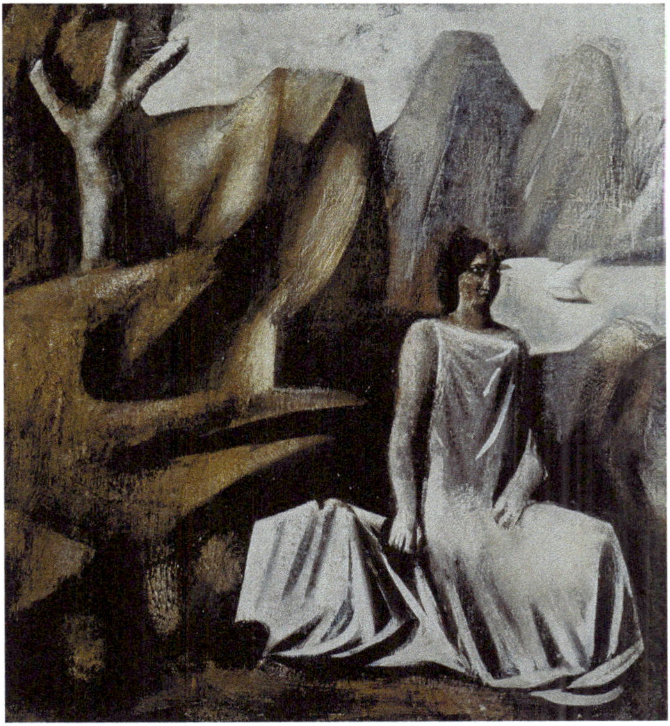

Mario Sironi, *La fata della montagna*, 1929, huile sur toile, 100 × 90 cm,
Museo del Novecento, Milan

Ces indications ne sont là que pour donner une idée du profit qu'on pourrait tirer d'une analyse approfondie du sublime kantien pour l'appréhension de la mélancolie.

Il serait par ailleurs intéressant de revenir sur les images que Burke dans sa *Recherche philosophique sur l'origine de nos idées du sublime et du beau* propose pour illustrer l'affect sublime. Notamment « on pourrait se demander pourquoi un long mur nu ne serait pas plus sublime qu'une colonnade puisque la récession n'y est nulle part interrompue, puisque l'œil n'y rencontre aucun obstacle, puisqu'en un mot on ne peut n'en rencontrer de plus uniforme. Un long mur nu n'a certainement pas autant de grandeur qu'une colonnade de même longueur et de même hauteur et il n'est pas bien difficile d'en trouver la raison. Quand on regarde un mur nu, l'œil glisse sur cette surface rase et atteint le terme en un instant, rien ne l'arrête dans sa progression, mais rien aussi ne le fixe assez longtemps pour produire un effet grand et durable » (Vrin, 1990, p. 184, introduit et traduit par Baldine Saint-Girons). Enfilade de colonnades ou mur nu, la visée intentionnelle trouve son image, sa « ligne de conduite », pour autant que ce qui la conduit, ne la conduit vers rien. La visée mélancolique ainsi radicalisée pourrait aisément être lue comme le même selon l'écart accéléré de la visée intentionnelle que l'enfilade des colonnes, une enfilade de colonnes sans colonnes, une visée faisant l'économie des repères, de leur espacement régulier, de la régularité espacée, afin d'atteindre ce qui pour ne pas avoir été retardé, mais avoir été prévu, est l'absence d'objet que la mélancolie, quelle que soit la voie qu'elle se trace, se fixe – ou plutôt capte, obligeant à longer ce mur de la visée intentionnelle qu'il soit un tour nu ou une enfilade de colonnes.

Figura e lago, 1930). Elle oblige ma visée à se détourner en somme de ce qu'elle ne peut pas affronter et que l'œuvre affronte alors par détour. Certains tableaux affronteront, prendront de front, cette montagne, *La vette* (1927-30)[1] où la femme sera identifiée alors à cette montagne, non plus femme dans le paysage mais femme-paysage : c'est le fameux et admirable *Nudo con albero* de 1930, ou plus subtilement encore cette montagne de 1940 où la colonne en avant-scène « remplace » la femme[2]. Ce dont la femme se détourne, qu'elle incarne ou qu'elle abandonne au peintre, est ce sublime ou, pour le dire autrement, le démonique. « Elle m'a installé ici, elle me fera sortir d'ici, je me confie à elle qu'elle dispose de moi : elle ne haïra point son œuvre. Je n'ai point parlé d'elle, non le vrai et le faux c'est elle qui a tout dit, à elle toute la faute, à elle tout le mérite[3]. » La femme pour Sironi se détourne d'une nature qui l'écraserait

1. M. Sironi, *La vette*, 1927-1930, huile sur toile, 70 × 60 cm, collection privée, Rome.

2. M. Sironi, *Nudo con albero*, 1930, huile sur toile, 80 × 60 cm, collection privée, Monza.

3. Cette phrase de Goethe est citée par Walter Benjamin dans son essai sur *Les Affinités électives*.

L'ambiguïté de la nature, cette matrice qui semble ne générer que pour tuer et qui dispose intégralement de la vie, n'est pas sans rappeler ce que Klee appelle la « nature en puissance », ce monde intermédiaire, ce *Zwischenvelt* qu'il s'agirait de projeter hors de lui et qu'il décrit en ces termes dans un entretien avec Lothar Schreyer rapporté par Felix Klee in *Paul Klee par lui-même et par son fils* (Les Libraires associés, 1966, p. 116) : « Je n'outrepasse ni les limites du tableau, ni celles de la composition. Mais j'en élargis le contenu en donnant au tableau de nouveaux contenus, ou plutôt des contenus qui ne sont pas nouveaux, mais qui jusqu'ici n'ont pas ou n'ont guère été vus. Évidemment, ces contenus comme les autres restent du domaine de la nature – non sans doute du domaine des apparences de la nature, tel que le connaît le naturalisme, mais du domaine de ses possibilités : ils donnent des images d'une nature en puissance [...] je dis souvent [...] que des mondes se sont ouverts et s'ouvrent sans cesse à nous, mondes qui appartiennent eux aussi à la nature, mais qui ne sont pas visibles pour tous, qui ne le sont peut-être vraiment que pour les enfants, les primitifs, les fous. Je pense par exemple au royaume de ceux qui ne sont pas nés ou qui sont déjà morts, au royaume de ce qui peut venir, de ce qui aspire à venir, mais qui ne viendra pas nécessairement – un monde intermédiaire, un entre-monde, pour moi du moins, monde intermédiaire. Je l'appelle entre-monde parce que je le sens présent entre les mondes que nos sens peuvent percevoir extérieurement, et parce qu'intérieurement je peux l'annihiler suffisamment pour être capable de le projeter hors de moi sous forme de symbole. C'est dans cette direction que les enfants, les fous et les primitifs ont conservé – ou retrouvé – la faculté de voir. »

On ne peut manquer à ce propos d'évoquer la manie qu'avait Goethe de transformer chaque trouvaille, chaque incident, chaque détail en symbole qu'il consignait méticuleusement dans le but d'appréhender le plus concrètement possible les secrets de cette *naturanaturans* qui constitua toujours le centre de ses préoccupations.

Par-delà cette opposition entre la mélancolie sironienne et l'angoisse chez Klee, on voit s'ouvrir une perspective historique qui oppose de même la tristesse « intéressante » du sublime kantien, laquelle ne se confronte au spectacle effrayant du sublime de la nature déchaînée qu'abritée sous le fronton allégorique du temple d'Isis, et l'angoisse suscitée chez Goethe par le caractère démonique de la nature, celui qu'il décrit en ces termes dans un extrait de *Dichtung und Wahrheit* cité par Walter Benjamin dans l'essai sur *Les Affinités électives* (in *Essais*, Denoël-Gonthier) : « il crut découvrir dans la nature, celle qui vit et celle qui est morte, l'animée et l'inanimée, quelque chose qui ne se manifestait qu'à travers des contradictions et qu'on ne pouvait par conséquent, ni traduire en concepts, ni, moins encore, en mots. Cette réalité

et pourtant fait partie d'elle : ce qu'elle éprouve la pétrifie. Nous pouvons entendre « pétrifier » au double sens d'être pétrifié de peur et de la pétrification qui est le mode symbolique extrême que revêt l'allégorie. Elle fait partie de ce monde comme les anges de Klee faisaient monde. Mais elle est de profil ou de biais, quand l'ange faisait face sans vraiment me laisser le choix.

Dans une œuvre peinte en 1940[1], la montagne est au second plan, et une sorte de colonne comme une stalagmite au premier plan rappelle la position que tenait la femme, mais droite cette fois, femme-colonne comme on dit statue-colonne, ou plutôt colonne-femme, livrée à une pétrification doublée d'érosion.

La stalagmite a cette forme de colonne comme la montagne au second plan a celle d'un « colisée », une masse qui fut architecturale mais qu'un temps échappant au temps de l'histoire aurait érodée au point de faire disparaître sa fonction dans l'histoire, ayant rendu la pierre à la pierre. Seule une brèche demeure, ancienne et lointaine porte, trouée au fond du tableau mais presque inapparente. Si l'on regarde de près, la pierre est sculptée de racines. Tous les emblèmes : femme, arbre, minéral se seraient donc confondus. En 1940 ce tableau de petit format est, sans que rien n'apparaisse plus sous le mode de l'allégorie, l'un des plus mélancoliques de Sironi. Les allégories elles-mêmes ont subi alors cette étrange métamorphose minérale, pétrification de la pétrification. C'est en fait l'œuvre qui répond le plus exactement à *Umgriff*, et comme nous avons pu lire en *Umgriff* un

n'était pas divine car elle semblait irrationnelle; elle n'était pas humaine car il lui manquait l'entendement; pas diabolique non plus car elle faisait du bien; ni angélique cependant puisqu'on trouvait en elle une certaine joie méchante. Elle ressemblait au hasard car elle ignorait la logique; elle tenait de la providence puisqu'elle suggérait des connexions. Tout ce qui nous limite, il paraissait qu'elle pût le franchir; on eût dit qu'elle disposait librement de ce qui est nécessaire à notre existence; elle rassemblait le temps et étendait l'espace. Dans l'impossible seul elle semblait se plaire et c'est avec mépris qu'elle semblait rejeter loin d'elle le possible. Cette essence, qui semblait pénétrer entre toutes les autres réalités, les séparer et les unir, je la nommais démonique, à l'exemple des Anciens et de ceux qui avaient connu quelque chose d'analogue. De cette terrible essence je tentai de me sauver. »

Il est impossible de ne pas voir les relations qu'entretiennent cette définition goethéenne du démonique, de la notion de « nature en puissance » ou de *zwischenwelt* élaborée par Klee et précédemment citée. Il est d'autant plus intéressant dans le contexte de l'opposition entre sublime et démonique (dans sa similitude avec l'opposition entre mélancolie et angoisse) de relire cette déclaration de Klee, toujours à Lothar Schreyer et rapportée dans l'ouvrage de Felix Klee (p. 117) : « cet entre-monde, ce n'est pas du reste quelque chose d'aussi merveilleux qu'on pourrait le croire, encore moins quelque chose de sublime. Souvent même on a l'impression d'avoir affaire à de malins génies, et je ne pense pas qu'on m'y prenne très au sérieux : on m'y traite souvent avec pas mal d'ironie ».

1. M. Sironi, *Montagna*, 1940, huile sur toile, 60 × 51 cm, collection privée.

ange, nous décidons de voir en cette stalagmite veinée de branches fossiles une femme.

L'astre était pour Klee le motif de l'intuition donatrice; et la niche ou l'arc pour Sironi celui de l'ombre que provoque la visée intentionnelle.
Les anges vivaient dans la blancheur de cette lumière et les femmes, dans les paysages sironiens, veillaient sur cette ombre. La dialectique ombre/lumière recouvre donc celle intentionnalité/intuition et trouve ces figures, ces présences en l'œuvre, selon elles pour manifester ce qui se donne ou ce qui ne peut se donner : cet apparaître du non-apparaître qui fonde le paradoxe de l'œuvre de Sironi, cet apparaître pressé par son retrait que manifeste l'œuvre de Klee.

De même que l'astre pour Klee n'épargne rien, contient tout avec une violence d'autant plus grande quand ce tout totalisé doit être repris, les arcades, niches, fenêtres et portes de Sironi n'ouvrent sur rien.
Ce rien que la montagne dissimule en vain pourtant, comme aucun autre étant du monde n'avait su le faire. À d'autres moments dans les périphéries urbaines, parfois un cirque ou un « colisée » ressemble à une montagne, du moins y fait songer. Percé d'ouvertures noires, édifiant un étrange équivalent entre la démesure des périphéries et celle d'une nature écrasante. Un tableau peint dix ans avant cette montagne (*Nudo con albero*) manifeste cette possible métamorphose. Au premier plan, une femme nue à genoux dont le voile est tombé en prenant les plis, les failles et les reliefs d'une montagne, s'étend, s'étire de douleur, prenant elle-même la posture plutôt que la forme d'un arbre aux branches coupées. Au second plan, au loin, des montagnes scandent la forme du voile chu. Une femme de douleur autant que la nature autour d'elle est douloureuse, une femme peinte comme Sironi peint le drap, la pierre, l'arbre, la montagne. Rarement nu n'a porté en lui autant d'autorité, de détresse et d'absence de désir. Le contraire d'un nu peint par Ingres. Un nu impossible, irregardable comme la nature entière est irregardable tant sa puissance nous écrase. Sculpté d'ombre, ce corps de femme couvre l'ombre du je, de celui qui voit. La visée s'identifie à l'objet perdu et l'ombre de cet objet tombe sur elle. L'objet du désir n'est obscur que parce que le désir anéanti a gardé son objet et le plonge dans la nuit de l'œuvre. À cette date l'œuvre va vers l'obscurité. Celle du fascisme qui réduit l'œuvre à être ce qu'elle n'est plus, puis à un crépuscule sans

œuvre, un crépuscule à perpétuité qui, d'une heure à l'autre du jour, est la couleur de l'œuvre, l'heure sans heure qui lui donne le ton, jusqu'au silence des tableaux où la montagne est représentée seule, aussi nue que la femme.

Un silence étrangement proche de celui de *Tief im Wald* car rien d'autre que la mélancolie ou l'angoisse, quand elles ne trouvent plus de figure (d'allégorie) ou de peur où se dire, n'y règne. Pas même un ange pour excorier de silence le silence lui-même, ne vient le construire. Et comme *Tief im Wald* produit une structure démesurément intime et intérieure, ces montagnes offrent une vision démesurément extérieure.
Cette intériorité et cette extériorité répondent à l'intuition donatrice et à la visée intentionnelle.
Une chose encore, l'arbre de Sironi a des branches-moignons. On ne peut s'empêcher de penser à cette métaphore de l'arbre chère à la pensée créatrice de Klee et d'imaginer qu'appliquant ici à Sironi la figure de genèse du premier, lui assignant ainsi une logique étrange et étrangère, ces arbres sans branches ont sous terre leur symétrique égal : des racines amputées de ce qui prend à la terre sa vie, une terre pétrifiée. Une terre-lave. Celle que l'on perçoit dans cette montagne de l'année 1940, une terre dure, lunaire, désertifiée. Une terre du dernier jour, celle de la fin de la peinture parce que la peinture survit à sa fin éternellement comme une lave. Dès 1933 Sironi affirmait cette fin de la peinture en élaborant ses projets muraux ; ici c'est non pas une fin de la fin de la peinture mais un redoublement de la fin, écrite et manifestée. Un tableau manifeste donc, où apparaît ce qui ne peut plus apparaître, en son lieu de prédilection et sa terre ; un tableau en tant que terre-mère morte.

À l'arbre amputé répond la terre-lave stérilisée d'une fin de la peinture et de la fin d'une caricature de rêve démesuré et grandiloquent. À cette date les commandes du régime faites à Sironi vont cesser. Il ne lui reste qu'à habiter cette peinture identique à cette montagne mère, stérile, prise dans le temps sans heure de ces années quarante, un éternel crépuscule. Un projet auquel on ne croit plus : la définition même de la mélancolie, une visée intentionnelle qui prévoit et voit, et voit au fond l'absence d'objet, ce *ne-ens* que la porte fossile de la montagne découvre comme la fosse ou la tombe de la femme allongée peinte la même année dans *Nudo disteso.*

L'organique s'oppose dans l'œuvre de Klee au minéral, terme de la pétrification, dans celui de Sironi. Arche, arbre, végétal ou absence de végétal, profondeur de la forêt ou étendue de la périphérie, chaque mot pour qualifier l'œuvre de Klee se retourne en son opposé et jusque dans cette pensée où la peinture et l'architecture s'affrontent. L'architecture pour Sironi est bien le contraire de ce que notre siècle a nommé « architecture organique ». Deux termes de comparaison plus complexes peuvent également être mis en regard. Nous venons d'« envisager » la figure de la montagne et l'avons identifiée, dans une certaine mesure, à celle de certains bâtiments de la périphérie, le plus sûr exemple serait *Il gasometro* (1942-1944) ; nous pouvons la définir maintenant selon une logique du relief et du creux, du minéral donc et de l'organique comme la figure contraire à celle du marais chez Klee.
Figure complexe parce qu'infiniment moins explicite, celle qui engage probablement le plus, également, le vécu positionnel ou, pour le dire plus simplement, la position, la situation réelle et mentale d'où est vu ce qui est vu.

Dans l'œuvre de Sironi le point de vue, le vécu positionnel ne se modifie pas selon ce qui est visé mais selon l'objet souhaité – œuvre de chevalet ou œuvre monumentale : fresque, bas-relief, mur. L'œuvre monumentale pensée comme mur est le système susceptible d'interdire, de stopper la

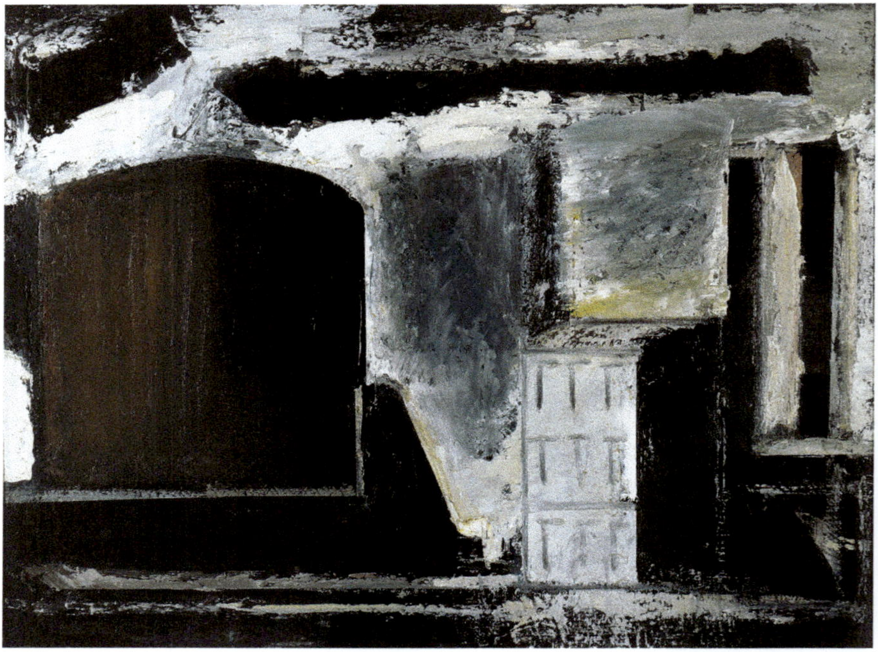

Mario Sironi, *Il gasometro*, 1945, huile sur toile, 65 × 85 cm,
Civico Museo d'Arte Contemporanea, Milan

visée en tant qu'elle est visée en perspective donc sujette à la mélancolie; l'équivalent construit de ce vide ou de ce mur représenté au fond de certains tableaux où la visée bute et rebondit afin de ne plus errer : son mode efficace, factice et démesuré, d'une démesure proportionnelle à la profondeur de la visée. On peut hasarder de la même manière que le mur n'est voulu si grand pour Sironi, si imposant, que parce que le champ ouvert dans le tableau de chevalet selon le modèle perspectiviste est, selon une logique de l'errance ou de l'abîme, d'une démesure équivalente. Jamais Sironi ne se déplace dans l'espace propre qu'il construit. Jamais il ne l'habite, et la mélancolie trouve son terme dans le tableau de chevalet : identiquement en 1920 ou 1944. Les tableaux de périphérie ne sont pas datables alors par une phénoménalité différente, un espace et un temps y sont exactement similaires et mis en œuvre de manière similaire, seule diffère l'épaisseur de la touche, plus rugueuse plus matérique, produisant une surface haptique qui redouble l'effet de matière, d'appareil, dans les œuvres des années quarante-cinq. Entre ces deux phases les constructions monumentales, répits factices à la mélancolie, obligent à, ou sont déterminées par une autre position : Sironi ne vise plus dans l'espace perspectiviste ce *ne-ens* qu'il ne peut s'interdire de viser, il construit (en projet ou effectivement) le mur réel qui va abolir cette visée, l'emmurer. Le refus si véhément de l'œuvre de chevalet peut être interprété aussi, à un second niveau, comme le refus de la perspective, perspective interdite par la conception monumentale, du moins réduite à l'écart minimum jusqu'à ce que les éléments de la construction deviennent littéralement les moments égaux et juxtaposés de l'appareil d'un mur. La juxtaposition pensée ainsi comme montage est la forme que la mélancolie, ici se refusant, trouve. L'égalité est aussi factice qu'on peut l'imaginer, aussi factice que la mitoyenneté des allégories placées les unes à côté des autres, voisinant, avant aboli leur temps et leur histoire propre pour s'intégrer dans l'appareil d'un mur dont l'éclectisme est patent mais qui cherche à tout prix, au prix de cet éclectisme, un effet d'*archè*, d'origine, sans savoir bien sûr qu'un tel effet ne peut être construit.

La pensée créatrice de Klee est organique, elle est vivante, circule dans l'espace propre de l'œuvre, va et vient, produit l'espace d'une circulation interne. En d'autres termes, le tableau ayant très tôt posé le problème de la perspective, qui se présentait bien telle l'aporie à cette « circulation » voulue et espérée, et l'ayant réglée, est devenu le lieu de cette circulation, de ce déplacement dans l'espace, m'obligeant mentalement à changer de position tout en restant devant le tableau[1]. Cette modification m'oblige bien alors à dissocier le tableau en tant qu'étant et la propre expérience que j'en ai. Je dois pour le voir accepter de ne pas rester sur mes positions – celles augurées et construites par la perspective –, je circule donc en l'œuvre, m'employant à suivre le chemin qu'elle m'indique.

Les perspectives sironiennes mettaient en place les arguments de la mélancolie, plus encore que les arguments d'ailleurs : les objets hérités. Un lieu plus que tout autre exploré par Klee peut rendre évident à la fois la métaphore organique et l'idée de circulation : le marais. Cet espace que nous interprétons tel le lieu hanté des derniers dessins, bien que présent de

1. « Perspective désertée », dans *Trois Essais sur la perspective*, Paris, La Différence, 1985, p. 61 et suivantes.

manière récurrente dans l'œuvre, prend une puissance d'obsession comme si les sensations du corps propre se déportaient, malades dans l'œuvre, comme si l'œuvre devenait la métaphore très particulière de ce phénomène invisible mais éprouvé autrement que dans l'angoisse, par le corps, les doigts, le ventre : la maladie[1]. Une telle démonstration est impossible à fonder, aucun texte ne l'autorise, sinon la lecture de l'œuvre.

Le corps fait pivoter l'espace objectivé, rend frontal ce qui est étendu, s'accordant ainsi, faisant corps avec l'espace frontal du tableau. Ce qui est et que je ne peux voir, le tableau le montre parce qu'il m'est, devient, l'éprouvé rendu visible. Il faut l'entendre rigoureusement comme Michel Henry l'écrit de Kandinsky, autorisant alors que sa démonstration puisse s'appliquer à d'autres peintres : « Quand il sera établi que la composition d'un tableau repose sur l'élément intérieur et se construit à partir de lui, l'évidence de cette vérité cruciale se tiendra devant nous : que la peinture qui est cette composition n'est pas tributaire du visible[2]. » Michel Henry en écrivant « se tiendra devant nous » ne définit-il pas ce que le tableau est pour nous? L'image du marais objectivé (celle placée dans l'exposition de 1937 de l'art dégénéré) s'intériorise; son espace et son temps en l'œuvre se modifient et modifient ce que l'œuvre est.

L'image du marais qui n'est alors plus une image devient le site organique de l'angoisse, comme le mur, paroi effective ou située dans l'espace du tableau, ruine réelle ou gazomètre, était mobilisé en tant que ruine et terme de la mélancolie pour Sironi.

Nous avons dit que la lettre majuscule écrite dans le poème, le mot en majuscule détournait le poème de son cours ainsi *KA und EL* réuni et séparé par *AMME*, l'équivalent du M absent qui montre une terre plus sûrement en la divisant qu'en l'objectivant etff l'unifiant dans une forme fixe, définitive : des îles séparées par le cours stagnant ou vif de la phrase. Le mot ne sert plus à rien, il prend ce qu'il désigne et ainsi s'affirme comme un courant d'eau interdit de passer d'un point à l'autre d'une terre, de l'enjamber, selon un mode de présence neuf et singulièrement visible, en

1. Voir l'article décevant de L. Hilling Pedersen et H. Permin : « Rheumatic disease, heavy-métal pigments and the great masters », *The Lancet*, june 4, 1988.

2. M. Henry, *Voir l'invisible*, p. 85.

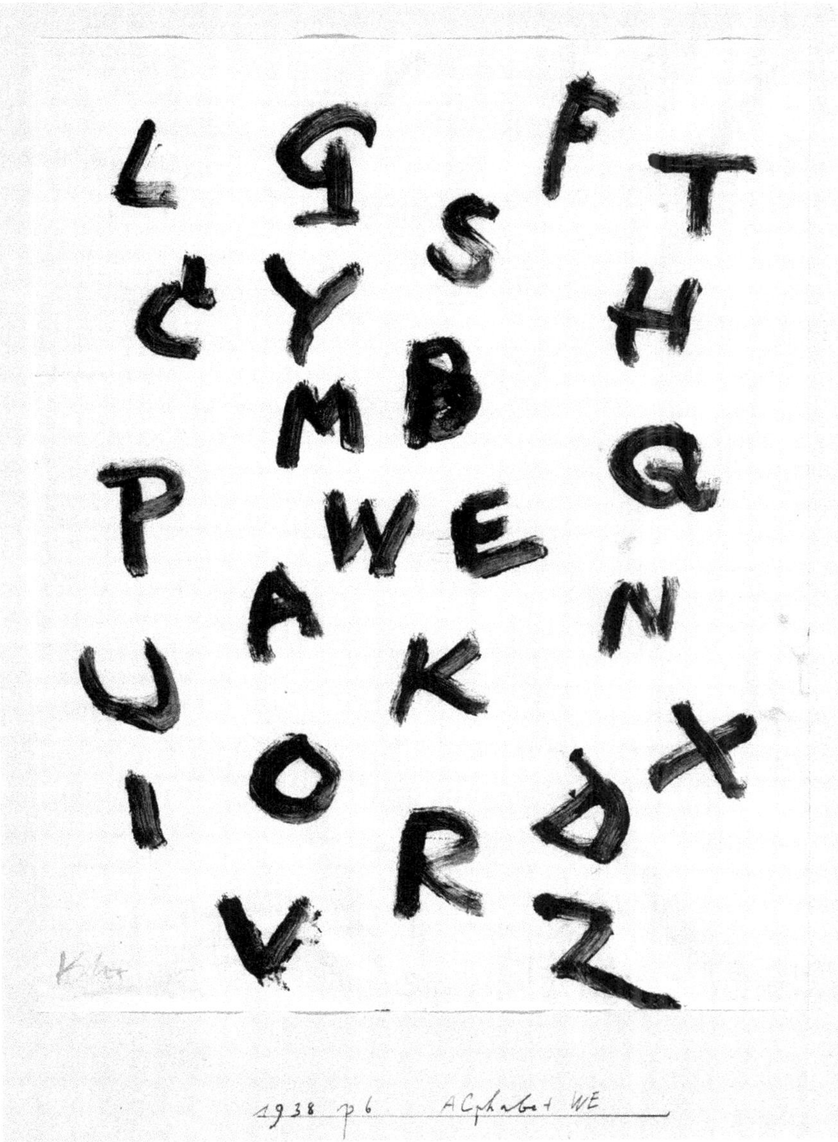

Paul Klee, *Alphabet W.E.*, 1938, Fondation Paul Klee ZPK.

d'autres termes il se phénoménalise d'une autre manière, le phénomène est autre. « *Eine Amme eingeschoben zwischen/KA und EL/Wobei das eine M dann...* » rend visible, comme *Kamel* ne peut le faire, l'invisible que poursuivent identiquement les dessins. Le poème peut servir ici de modèle. Dans les années où la maladie scande l'œuvre, la forme, une, globale, englobante, est traversée d'un courant vide qui sépare ce qui la rendait une, la décompose et la décomposant fait remarquer alors plus encore son unité et que cette unité fut de toujours le projet de Klee[1]. Le corps se démantèle et est vu comme de haut, du regard d'un anatomiste : un corps séparé. La terre selon le même mode est coupée d'un courant invisible, longée d'une ligne et comme vue par un oiseau.

Et dans le dessin l'on ne sait plus, tant règne la ligne qui sépare, ce qui est plein et ce qui est vide. La frontalité du dessin a aboli la perspective, cela ne fait aucun doute, mais a réinventé ce que la perspective produisait : un relief.

Ici le relief le plus ambigu : le dessin, est creusé d'une seule ligne qui lui rend son relief mais nous ne pouvons pas dire ce qui, comme nous le voyons, vivons devrais-je dire, est le visible ou l'invisible, si l'invisible sert le visible puisque de visible il n'y a que cette ligne qui nous oblige à la voir du ciel, une ligne entre le blanc de la feuille et le blanc de la feuille, entre l'invisible et l'invisible et où notre vie/vue choisit entre ce qui est terre et ne l'est plus, comme dans un marais donc où un seul et même élément selon l'avancée se métamorphose[2].

Un monde où une barque est aussi un œil, corps-marais vu du ciel, comme le verrait un ange. Si d'ailleurs nous examinons les titres de 1939 à 1940 : des titres indiquant le marais (*Ein Sumpf*, 1939, G 16), comme un nénuphar (*Wie eine Seerose*, 1939, H 10), le corps ou le visage décomposé (*Dieser Kopf versteht die Gleichung nicht*, 1939, J 7)[3], nous arrivons aux

1. Les lettres de l'alphabet ont déjà cette fonction dans un dessin de 1938 intitulé *Alphabet W.E.* La lettre affirme bien l'isolat du signe se dépossédant de son caractère de lettre, de sa lisibilité de lettre, elle regagne, en regagnant son isolat, son invisible.

2. Nous nous permettons de renvoyer à notre analyse du film de Renoir, *Swamp Water*, dans *Lettres d'août*, La Différence, 1990, p. 211 et suivantes.

3. Nous citons les dessins selon la nomenclature propre à Klee; nous pouvons les trouver reproduits p. 110-111 et suivantes in *Paul Klee Handzeichnungen III* 1937-1940, et les voir à la Paul Klee-Stiftung, Berne.

anges, lignes pour elles-mêmes cette fois sans point de vue, descendues dans le dessin afin que nous n'ayons plus à nous soucier d'où nous les voyons.

Revenons à cette pensée du corps-marais, l'ensemble des dessins la confirme et la lie au sursis, ainsi se succèdent aux numéros H 8, H 10, H 11 du catalogue de l'année 1939 écrit de la main de Klee les titres suivants : *Versöhnung* (réconciliation) ; *Wie eine Seerose* (comme un nénuphar) ; *Vorletzten Endes* (l'avant-dernière fois). Dans ce dernier dessin j'identifie un corps, corps-archipel dont chaque membre est séparé comme une île de la terre. L'invisible stagne où mon regard circule et écoute le bruit silencieux de l'angoisse, où, comme dans un marais ou dans le corps malade, l'on entend des bruissements qui existent ou n'existent pas. Un tel espace et un tel temps, une telle phénoménalité est propre à l'ensemble des dessins jusqu'à ce que la ligne se referme sur elle, s'enroule, se love en elle-même, ce qui peut apparaître en projet dans certains dessins. L'un d'entre eux s'intitule *Welkend* (1939, H 19, enroulement qui veut dire aussi « se flétrissant ») ; les formes réglées par cette phénoménalité sont comme des algues séparées par une forme plus longue, amorçant un étrange et immobile mouvement de repli[1].

Le plus étrange, ce qui autorise en quelque sorte cette identification du corps au marais est bien ce titre, *Wie eine Seerose* (H 10), où par un étrange pivotement du plan, Klee selon cependant toujours la même ligne trace une forme-barque où deux « égarés » se serrent sans le pouvoir, séparés qu'ils sont l'un de l'autre par l'invisible entre les traits. À côté (il est impossible, Klee rend impossible, de dire au second plan) : un cercle démesurément grand. La vision est bien celle du nénuphar à la fois toujours vue de biais à hauteur de barque ou de terre et toujours imaginée de haut, reconnue de haut, pensée de haut, l'un et l'autre ici dans l'espace sont non pas vus mais vécus selon la même ligne. L'angoisse est dans la ligne et le titre ne quitte jamais ces dessins. Le numéro H 13 *Opfer* (victime) met à plat, couche un corps et d'une manière semblable, ce corps se confond avec des éléments clairement identifiables, comme végétaux, du marécage mais aussi rappel de motifs antérieurs dans l'œuvre, pour affirmer le végétal. Le végétal

1. *Ibid.*, p. 114.

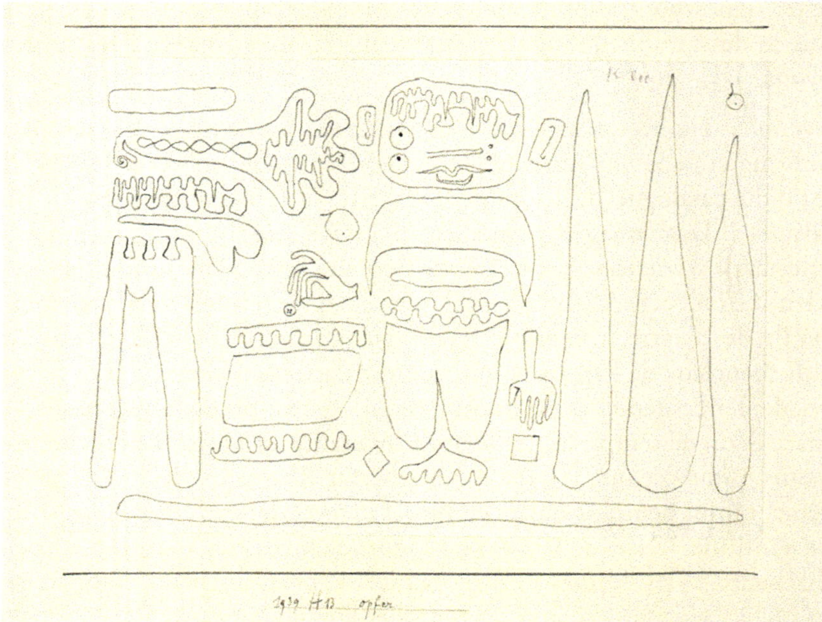

Paul Klee, *Opfer*, 1939, Fondation Paul Klee ZPK.

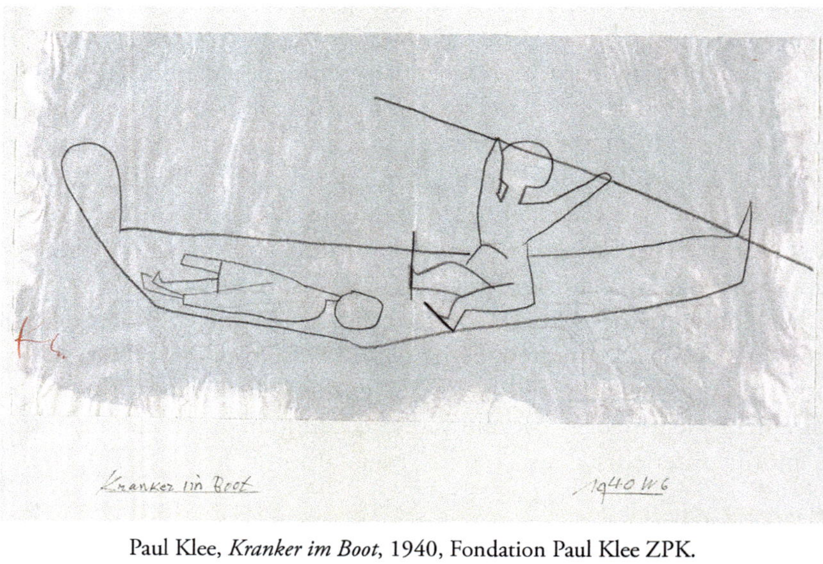

Paul Klee, *Kranker im Boot*, 1940, Fondation Paul Klee ZPK.

s'installe dans la ligne de définition du corps et de l'organe, tel un mal, une présence intruse. Une végétation qui semble devoir gagner, envahir l'espace. La démonstration pourrait s'accomplir pour chaque dessin : il faudrait montrer le passage organique d'une image à l'autre comme d'une sensation à l'autre, d'un sentir à l'autre comme l'a pensé Michel Henry, et non d'un voir.

De *Erledigt* (épuisé, 1939, G 15) à *Sirene B legen müsstend* (1939, CC 19), que curieusement Felix Klee écrit dans le recueil *BE*, la démonstration pourrait se poursuivre. Se poursuivre de *In der Höhle* (H 18) que l'on peut traduire également par « dans une cachette » ou « dans un renfoncement » ou « dans un creux » ou encore, et plus sûrement, « dans un enfer », à *Kranker im Boot* (1940, W 6) : barque qui s'enfonce dans le marais ou le quitte, portant le corps allongé du malade. « L'exploration » des derniers dessins entre 1939 et 1940 serait comme celle du marais, sans fin, comme si l'unité était dans le rythme même, dans la respiration assourdie qui d'un jour à l'autre les habite.

Au lac « minéral » entre la femme et la montagne, au chthonien et à la pétrification de la mélancolie répond donc aux mêmes heures le bruissement de l'angoisse, si vivant qu'il produit l'image de son bruit dans l'instant où le silence s'aggrave.

Un bruit comme le silence du silence, celui du crayon sur le papier.

L'image de front, frontalisée, vue de haut (souvenons-nous de la lettre de Lily rapportant que Klee dessinait sur ses genoux jusqu'à tomber de fatigue). Ces dessins portés par l'angoisse comme par le cours invisible d'une eau pourtant apparemment stagnante, et qui se donnent de face, donnent de face ce qui ne peut se voir de face, ni même se voir, jusqu'au retrait, jusqu'à la fatigue des yeux et de la main et au sommeil.

Observant *Umgriff* nous avons parlé d'éclipse. Il existe un tableau de Sironi singulier, non pas un hapax dans son œuvre, mais rare, rare non pas tant par son titre *Eclissi*, l'éclipse, que par sa datation 1918/42. Quelques tableaux de Sironi portent une double date : *Composizione metafisica* 1918/1942/44[1]. C'est un fait assez rare pour être souligné. Il existe un tableau de Freundlich portant également deux dates 1911/1941[2]. Les

1. M. Sironi, *Eclissi*, huile sur carton, 58 × 45 cm, collection privée, Vérone ; M. Sironi, *Composizione metafisica*, 1918/1942-1944, technique mixte sur papier, 140 × 120 cm, collection privée, Rome.

2. Voir notre analyse in « Composition avec trois figures », *Otto Freundlich*, Paris, La Différence, 1988.

raisons de cette double date pour Freundlich sont les plus contraires à celles qui font se juxtaposer à vingt-quatre ans d'écart deux moments de l'histoire pour Sironi. Freundlich lorsqu'il apprenait que les nazis avaient confisqué une de ses œuvres la refaisait « à l'identique » mais de mémoire, dans un petit format prêt à l'exil, à la fuite, et datait alors l'œuvre de la première date, celle de l'œuvre détruite, et de la seconde date, celle de l'œuvre ressuscitée.

Pour Sironi cette double date signifie bien sûr tout autre chose. Geste de résistance pour Freundlich, elle est aveu d'échec pour Sironi.

Les tableaux sont de petit format, repris, retravaillés au moment où Sironi sent que son espoir de construire un grand art fasciste s'effrite. Il est difficile de diagnostiquer, de radiographier, ce qui est dans l'œuvre d'une date ou de l'autre ; il est probable pourtant que le motif-titre soit de l'année 42, éclipse en train d'avoir lieu ; on peut très immédiatement l'interpréter comme le présage de la nuit à venir. Éclipse-symbole, éclipse de soleil mais l'astre est le contraire de l'astre de Klee. La lumière, l'origine de la lumière, contraire. Nous l'avons vu pour Klee, elle venait du fond de l'œuvre, ici le soleil n'est qu'un soleil peint, soleil de pure intention et qui semble d'ailleurs étranger à la lumière, que le mur blanc et le parallélépipède reçoivent de face, de la visée qui les vise. Le soleil se dédoublant n'est pas caché par la lune mais par le soleil noir de la mélancolie. De la mélancolie tous les attributs sont dans l'œuvre soumis au règne de ce soleil noir. Le tableau existe pourtant selon une source de lumière qui n'a rien à voir avec le soleil. Il raconte en somme cet apparaître du non-apparaître. Le soleil n'est pas une source de lumière mais le vassal de son symbole en oxymore. Étant parmi les étants il surallégorise l'œuvre, fait nombre avec eux, fait titre ; mais en fait est, au même titre que les autres étants, mobilisé par la visée intentionnelle qui les organise pour mieux les frapper de vanité : décombres, ruines de tous ordres, jusqu'à cette figure de géométrie : architectonique ou squelette qui scande en la reprenant la pyramide noire du premier plan. Qu'est-elle cette forme vidée d'épaisseur, ne pesant rien, et traversée par la visée qui suit sans ciller les deux murs qui créent la perspective, l'enferment, plus qu'ils ne la créent ? Cette forme, ce squelette bancal de pyramide est aussi, comme la figure de géométrie, reportée dans l'œuvre, d'un calcul d'éclipse mais projection inutile, rendue elle aussi vaine par la projection qui annule tout, celle de la mélancolie du peintre.

Le mannequin venant de *La pittura metafisica* décapité par un jeu d'ombres qui reprend en termes colorés ceux de l'éclipse, les dalles du parallélépipède de marbre d'un édifice qui ne sera pas construit au même titre que la poutre du premier plan, l'immeuble enfin au fond de la composition dont le mur blanc oblique affirme l'inachèvement, tout conspire à évoquer la ruine, mais une ruine également politique. La ruine d'une chose qui n'aura pas lieu, n'a pas eu lieu et dont le tableau est le récit[1]. Le récit aussi de l'échec de la peinture, le récit de ce qui n'a pas pu être dépassé, selon précisément ce qui n'a pas été dépassé, ce tableau, témoin pris entre deux dates, celle de l'inachèvement et celle de la ruine de ce qui n'a pas eu le temps d'être. L'amertume se mêle à la mélancolie. Autant le tableau de Freundlich se présentait à toute philosophie de l'histoire et bien au-delà de l'*aisthèsis* comme ce qui résiste, autant *Eclissi* est marqué de ce dont il est la ruine. Cette mélancolie profonde née de l'échec produit sa presque caricature, son architectonique plutôt : le tableau est le diagramme d'une visée qui se sait vaine.

Ce soleil noir devant le soleil est le signe de la tonalité générale de l'œuvre quand elle fut ce qu'elle ne voulait pas être.

Chaque étant est, sur la ligne de la visée qui les totalise, les annulant, la balise d'un temps singulier et singulièrement passé, temps qui peut s'interpréter comme celui constitutif du tableau : des figures de géométrie à la perspective ainsi dénudée en passant bien sûr par (à travers) cette poupée métaphysique, autant d'époques qui auront contribué à rendre inutile et vain le tableau, vaine son histoire et explicite son achèvement.

Le tableau conclut donc ce qui ne peut se conclure pour lui, en lui, en établissant à partir de ces époques ainsi emblématisées, un non-temps qui est le sien propre, celui de cette phénoménalité si singulière que Sironi négativement instaura en son œuvre.

L'obscurcissement est dans cette œuvre étrangement mis en scène, allégorisé de telle manière que la lumière en l'œuvre n'épargne rien, n'intone plus

1. Le tableau ne renvoie pas à la ruine comme il en serait un reflet, fût-il le reflet d'une ruine hypothétique c'est-à-dire reflet parfait. Il y a un rapport, un « se rapporter » qui ne peut s'entendre comme une passerelle jetée entre deux rives radicalement étrangères, pour autant que ces rives soient jointes depuis toujours. « Ce sont précisément de telles données absolues dont nous parlons alors ; même si celles-ci se rapportent intentionnellement à un être objectif, ce "se rapporter" est une sorte de caractère en elles [...] » (Husserl, *L'Idée de la phénoménologie*, 3e leçon [45]). « Le se-rapporter-à-l'objet-transcendant, viser cet objet de telle ou telle manière est aussi justement un caractère interne du phénomène » (*ibid.* [46]).

rien. En grec le mot *amudros*, difficile à traduire, affirme l'obscurcissement, la déformation de l'entrée en présence de l'étant lui-même. Dans cette œuvre, l'obscurcissement propre au monde de Sironi semble avoir été aboli par l'injonction à traverser la matité de l'espace : une donation en acte de ce qui ne se donnera pas mais avec une violence de projecteur. Un projecteur plus que jamais en face de ce qui se donne comme ne pouvant pas se donner.

Cet effet a son égal et son contraire dans l'œuvre de Klee : *Tod und Feuer; la mort et le feu* est comme la mise en évidence de cet affrontement contre la matité mais, dans cette œuvre, du fond de l'œuvre, dans un rougeoiement de feu dont le brasier est intérieur. Dans le prologue de *Temps et Être*, Heidegger s'interroge sur ce tableau laissant l'interrogation en suspens[1]. Le geste qui prend en charge l'œuvre, sa lumière, la distribue à angle droit. Le mystère n'est jamais aussi loin que lorsqu'il se laisse éprouver au plus près. L'œuvre qui donne le plus est celle qui sépare le plus. En d'autres termes l'invisible n'augmente pas malgré le visible, ce qui est trop visible, visible au point de saturer l'écran de lumière, mais à cause de lui.

1. M. Heidegger, *Questions IV*, prologue, Paris, Gallimard, 1976, traduction établie par J. Beaufret, F. Fédier, J. Lauxerois et C. Roëls, p. 12. « La conférence qui suit demande un court prologue. Si l'on nous montrait maintenant les deux œuvres que Paul Klee a peintes l'année de sa mort, l'aquarelle *Heilige aus einem Fenster* et la gouache sur jute *Tod und Feuer* – nous pourrions longtemps rester devant elles et... abandonner toute prétention à l'entente immédiate. »

Qu'entend Heidegger par entente immédiate ? Peu d'œuvres de fait ne se donnent autant à la seconde même où on les voit et se donnant, se donnent en nous faisant comprendre qu'elles se donnent pour rien. La formule de Heidegger est donc inadéquate pour penser le « voir ». Elle trouve son écho, antérieur, et mieux problématisé, et problématisé de manière moins péremptoire, chez Husserl (*L'Idée de la phénoménologie*, 2e leçon [38-39]).

« Un sourd de naissance sait qu'il y a des tons, que des tons fondent des harmonies, et qu'un art merveilleux est fondé sur elles ; mais comprendre comment les tons le font, comment les œuvres musicales sont possibles, cela lui est impossible. C'est en effet quelque chose qu'il ne peut pas se représenter c'est-à-dire ne peut pas le voir et ne peut saisir dans cette vue le comment. »

Mais le « voir » n'est-ce pas en tant qu'*aisthèsis* l'expérience du que, et l'expérience de l'impossibilité du comment, que l'œuvre se refuse à l'entente immédiate parce que « moderne », « abstraite » ou simplement œuvre, c'est ce que M. Henry, en oblique, choisissant l'abstraction comme modèle de la « non-entente immédiate », exhibe de façon décisive. La lumière de donation de *Tod und Feuer* ne s'entend, en fait, qu'en regard de la nuit qui la fonde et dans laquelle nécessairement elle conduit. Cette nuit dont précisément M. Henry parle citant Novalis in *Essence de la manifestation* (t. II, « Épiméthée », Paris, P.U.F., 1963) : « Mais plus divin que les étoiles scintillantes nous semblent les yeux infinis que la Nuit a ouverts en nous » (p. 555).

Ce qui est « rendu visible » selon la formule de Klee, cet invisible donc, atteint ici son point de douleur où ce qui se donne se donne tant qu'il me sépare de ce qui m'est donné.
Nous voyons alors non seulement les conditions de l'apparaître, les conditions dans lesquelles l'apparaître devient sensible mais nous voyons aussi, et d'abord, d'où l'apparaître s'exerce, de l'invisible, et cet invisible est le nom en l'œuvre de l'angoisse.
La lumière de l'intérieur est sans ombre, cette absence d'ombre est le point du plus grand mystère, celui de la plus haute lumière.
Le mystère, contrairement à ce que l'on croit d'ordinaire, n'a pas le commerce que l'on veut avec l'ombre, l'ombre n'est pas son refuge, et plus l'ombre est courte, plus grand ce mystère, plus visible l'œuvre, plus intense sa lumière et proche l'invisible.
Si proche que je pourrais la toucher du regard ou de la main, la rendant à cette seconde même par ce geste à sa nuit. L'angoisse construit d'œuvre en œuvre jusqu'à *La mort et le feu* ce midi de l'œuvre quand la mélancolie pour Sironi avait une fois pour toutes creusé et crevassé d'ombre, à partir d'un point de lumière non modifiable et intemporel, tout étant du monde.
Le drame se joue frontalement et l'œuvre est bien au mur cet écran avant que l'on assigne à ce qui se donne un statut d'idole ou un statut d'icône.
Et si l'on peut, comme nous l'avons fait, opposer au trajet long selon la perspective la plus lente de moi vers l'œuvre, celui strident, violent et sans détour de l'œuvre vers moi, si l'on peut opposer cette errance à cet éblouissement, Sironi à Klee, il faut avant tout savoir qu'aux degrés de donation correspondent des degrés de séparation équivalents.
Et cela nous ne le comprenons qu'au plus près, quand ce qui se donne se donne tant que l'on sait que cela n'est pas mesurable et qu'à l'émerveillement d'un tel don ne peut correspondre qu'une équivalente tristesse. Cette tristesse a sa phénomalité : le retrait.

Dans *La mort et le feu* tout l'invisible est totalisé dans le rien de l'angoisse et comme Heidegger dit l'angoisse *Grundstimmung* c'est du fond que l'invisibilité monte à la forme, brûlante comme une lave. L'apparition devient visible au moment où elle apparaît au regard, elle est avant tout cet écart entre l'invisible et le visible. Dans *La mort et le feu* mais aussi dans la plupart des derniers tableaux de Klee, le trajet accompli sous mes yeux, devant mon regard pour que ce qui ne l'était pas à l'instant soit visible, est écourté, raccourci à l'extrême, il a lieu selon une urgence stridente (l'écart est alors aussi réduit qu'il est creusé dans les œuvres de Sironi).

Souvenons-nous de cette scène dans *Le Voyage en Italie*[1] où les corps ensevelis à Pompéi pour être inventés doivent subir une injection de plâtre sous peine de n'être à l'air libre en aucune façon visibles ; l'œuvre, celle de Klee, celle de Sironi, qu'importe en fait l'écart qui « l'inventera », qu'elle aura à parcourir à la lumière, ne peut y parvenir sans disparaître, mais ne disparaîtra que si elle est vue, exhumée, donc que si cet écart a été comblé jusqu'à son point de donation c'est-à-dire son point de « non-retour ».

Ainsi l'on pourrait dire que lorsque l'apparaître se spatialise il se défait, le tableau est la mise à plat, l'écran de cette défaite, le refus de cette défaite, le lieu de trêve où ce qui est perdu trouve la possibilité de se perdre encore une fois.

Mais pour se perdre il faut qu'il se donne, et se donne au présent selon cette présence accentuée par le fait que l'on mesure qu'il n'est question ni de le posséder, ni même, fût-ce un instant infiniment prolongé, d'en avoir garde.

1. Rossellini, *Voyage en Italie*, 1953.

les extrémités de l'apparaître : l'angoisse et l'ennui, essai de construction de la notion de retrait

Comment poser et construire la question de la présence dans l'œuvre, de la présence de l'œuvre ? Le visible du tableau vu reste rare, aussi rare que le monde qu'il agrandit. Pour éprouver cette présence, voir, un acte est requis dont la gratuite mais épuisante attention ne se donne qu'impréméditable. C'est derrière une vitre invisible que se joue ce que j'aimerais voir jusqu'à l'instant où, comme une fenêtre s'ouvre, je vois.
Si nous ne voyons jamais de la même manière, la conclusion, elle, se répète : ce qui m'apparaît ne m'apparaît qu'en pure perte. L'apparition dit plus qu'elle-même, elle dit que tout sera précipité dans le noir. S'il est donné à Frenhofer de voir ce que Porbus et Poussin jamais ne verront, c'est au prix du plus grand péril : ne plus le voir[1].

1. *Le Chef-d'œuvre inconnu* si souvent analysé (on retiendra le livre de Georges Didi-Hubermann, *La Peinture incarnée*, Paris, Minuit, 1985) mériterait une lecture phénoménologique. Le chef-d'œuvre inconnu (la belle noiseuse) apparaît à Frenhofer quand il n'apparaît ni à Porbus, ni à Poussin. Ce que Frenhofer voit, il est seul à le voir, et cette montée à la visibilité dont nous parlions n'a lieu que pour lui. L'œuvre est littéralement invisible pour tout autre, c'est donc cet invisible rendu visible par lui seul que Frenhofer voit. L'œuvre n'échoue pas, ne se perd pas à cause de cette invisibilité, mais parce que cette invisibilité n'est pas absolue. « Et, s'approchant, ils aperçurent dans un coin de la toile un bout de pied nu qui sortait de ce chaos de couleurs, de tons, de nuances indécises, espèce de brouillard sans forme ; mais un pied délicieux, un pied vivant ! Ils restèrent pétrifiés d'admiration devant ce fragment échappé à une incroyable, à une lente et progressive destruction. Ce pied apparaissait là comme le torse de quelque Vénus en marbre de Paros qui surgissait parmi les décombres d'une ville incendiée » (Balzac, *Le Chef-d'œuvre inconnu*, Paris, Le livre de poche, 1970, p. 57-58).

Porbus et Poussin voient ce qui a échappé à Frenhofer, ce qui fait que le chef-d'œuvre n'est pas un chef-d'œuvre, qu'il boite et qui, lorsque Frenhofer le découvre, dérègle l'apparaître comme un brusque mouvement brouillerait le réglage de netteté d'un objectif photographique, pour le régler sur un détail, ne plus voir que lui, anéantir ce qui était vu. On peut alors parler littéralement d'anamorphose.

L'œuvre n'est pas un signe parmi d'autres, « elle est ce phénomène par excellence » que nous avons voulu mettre en œuvre, elle n'est pas un « signe » et c'est de ne l'être pas qui la fonde comme œuvre[1]. Nous avons procédé bien sûr à partir du phénomène en tant qu'outil de la philosophie, pour parler de l'œuvre et non pas à partir de l'étant qu'elle est, signe plus complexe qu'un autre, ce que la critique a fait d'elle : cette valeur que l'on aurait à « défendre ». De fait, l'œuvre est un signe « insigne » tant qu'à partir d'elle l'apparaître n'a pas lieu. La question est donc de savoir quelle limite impartir à cette présence, qu'elle assume ou non son retrait; de savoir aussi selon quel mouvement cet apparaître a lieu. Ce que nous avons dégagé à partir des œuvres comme visées de moi vers l'œuvre ou au contraire de l'œuvre vers moi[2]. Si l'œuvre est ce signe en charge de présence : « Une grave erreur serait d'établir une différence *réelle* entre les objets simplement immanents et intentionnels d'une part et d'autre part les objets véritables et transcendants qui leur correspondent éventuellement[3]. » Faut-il, à partir des *Recherches logiques*, alléguer qu'il n'y aurait pas de différence entre la représentation (le tableau) et ce qu'il

prend en charge (l'objet transcendant) en amont? On peut comprendre le tableau comme apparence de l'apparaître tant qu'à partir de cette apparence un second apparaître n'advient pas. On peut faire dire à Husserl que le tableau tel qu'il m'apparaît n'est pas le double d'un objet qui n'apparaît pas ou apparaît moins. L'objet immanent, vécu intentionnel, ne fait pas signe à l'objet transcendant. S'il n'y a pas de différence réelle c'est parce qu'entre l'objet intentionnel et cet objet en amont il y a un point de perte, ce que nous pourrions, jouant sur le mot, appeler un point de fuite.

1. Nous entendons signe ici comme signal c'est-à-dire comme renvoi.

2. Il va sans dire que nous avons emprunté ces deux mouvements, et donc nous allons voir ce double mouvement, à la phénoménologie telle qu'elle a été imaginée par Husserl. Ces deux mouvements, intention-intuition n'entrent pas, et l'œuvre est le lien qui permet de mieux le vérifier, en concurrence. Si l'intuition est donatrice de sens puisque quelque chose m'est donné (à voir), l'intention ne peut pas être étrangère, par définition, à la donation de sens, puisque par la visée intentionnelle, l'objet prend un sens pour moi. C'est à partir de cette constatation que nous allons avoir à penser la réception de l'œuvre.

« Elle (l'étude fonctionnelle) tente d'élucider comment à l'identité de l'objet présumé peuvent appartenir des configurations de conscience de structure très différente et pourtant exigée par essence, et comment ces configurations devraient être décrites avec rigueur et méthode » (*Ideen I*, IIIe section, chap. 2, § 86, [177]).

3. C'est nous qui soulignons « réelle » (Husserl, *Recherches logiques* V, § 2 [424]).

Cet objet en amont est bien ce dont nous ne sommes jamais sûr, celui qui toujours fuit. Le tableau contient, porte cette fuite et c'est parce que cette fuite est, que nous avons des tableaux, illusion que ce qui fut sera, que le tableau garde l'empreinte invisible de ce qui a fui, et qui pourra, pourrait à nouveau s'y donner, comme un vol d'étourneaux se pose. Le tableau donc porte cette perte, a charge de cette fuite et cette fuite le fonde mais ne le fonde que si je lui réponds. Il est ce lieu de la fuite du possible et de son improbable retour et la réponse est de voir dans le tableau ce que mon voir ne peut constituer seul (s'il le pouvait il n'aurait d'ailleurs nul besoin de tableaux). Le statut de l'œuvre est donc autant le retrait que l'apparaître ou, mieux, l'apparaître comme retrait.

Il y a donc un « écho » réel et dire qu'il n'y a pas de différence entre les deux objets est rapide ; il y a une différence, mais que l'objet immanent prend sur lui, il prend sur lui ce qui est en amont de lui, qui est « véritable » et « transcendant ». En d'autres termes le tableau s'offre après avoir été éprouvé comme anamorphose telle une immanence de la transcendance. Voir est alors comme informer le tableau, en prendre la mesure ; la mesure ou plus justement la mesure de l'écart parcouru par sa montée à la visibilité.
Le tableau n'est pas signal en tant que renvoi dans la mesure où il est cet objet immanent qui a charge de ce qui est en amont de lui, a mission de l'exhiber, en tant que ce « en amont » (ce qui est transcendant) lui est conaturel ou plus justement coprésent c'est-à-dire présent en lui, par lui. Ce qui est présent n'est pas présent deux fois, il n'y a pas redoublement de la présence, mais concentration en l'œuvre. Une présence que l'on ne peut redoubler tant que celui qui voit n'informe pas du regard ce qui l'attend. Et parce qu'il ne sait pas ce qui l'attend (ce qu'il attend), la montée à la visibilité peut le surprendre, il la recueille, prend ce que le tableau porte, porte à cet instant ce que le tableau prend.

En tant qu'il est un *phénomène porté*, le tableau est donc deux fois métaphore du phénomène. Porté au-delà de lui-même dans l'œuvre, puis au-delà de l'œuvre, le tableau, cette métaphore, est bien l'apparaître de l'apparaître à condition d'entendre que cet apparaître est autant son retrait que sa venue. Ce retrait peut rendre le tableau à une nuit qui aurait rêvé le jour, donc d'autant plus opaque et noire quand l'œuvre se referme sur elle-même.

Dans le tableau le premier apparaître : cet objet « véritable et transcendant » aurait, pourrait-on croire, fui et, malgré le tableau, le second n'a lieu qu'au-delà de lui, bien qu'à partir de lui, avant de rejoindre dans une nuit égale à la première, également décevante, et douloureuse, son autre, son double et son égal. Entre ces deux apparaître, le tableau porte le poids de cette perte deux fois éprouvée, celle dont il est l'épreuve (au sens de l'esquisse) et celle dont il est l'acteur-témoin. Sans ce retrait, le tableau n'a pas de sens dans l'acception téléologique du mot. La direction est celle d'une traversée que le tableau permet et interdit, selon qu'il est l'écran qui sépare autant que celui sur lequel ce qui se projette a lieu. Une traversée du visible d'un point à l'autre de l'apparaître par le tableau, en lui, selon lui, mais vouée à échouer par le fait d'une marée dont la fréquence resterait imprévisible.

Lors des analyses et mises en regard des œuvres de Klee et Sironi, l'idée d'esquisse a pu revenir avec une fréquence et une portée qui entendait dépasser la stricte acception du mot dans le vocabulaire de l'histoire de l'art. « Bien qu'elle porte le même nom il est exclu par principe que l'esquisse soit

du même genre que ce qui est esquissé[1]. » « Il faut maintenant examiner avec plus de soin de quelle façon le transcendant se comporte à l'égard de la conscience qui le connaît et comment il faut entendre cette relation mutuelle qui n'est pas sans énigme[2]. » Il n'y a donc pas d'apparition sans apparence. Ce qui est transcendant ne peut pas advenir autrement que selon l'orientation de ma conscience, dans le tableau, donc en tant que je l'informe, lui donne forme. Le mouvement qui part de moi vers ce qui est absolument autre, en l'occurrence le tableau, donne un sens à cet autre en le traversant et ainsi le constitue comme tel. Ainsi, entrent en quelque façon en concurrence l'intentionnalité en tant que représentation et l'intuition donatrice. Comment d'ailleurs ce qui apparaît à la conscience c'est-à-dire ce qui lui est présent pourrait-il l'être sans être vécu par elle ? À ce moment la transcendance elle-même va être présente à l'intentionnalité sans pour autant que cette intentionnalité la constitue. Comment l'intuition sans l'intention peut-elle avoir lieu ? Comment en d'autres termes quelque

1. Husserl, *Ideen I*, IIe section, chap. 2 (75).
2. *Ibid.* (73).

chose qui est un pouvoir peut-il s'accorder à ce qui nous submerge ? Cette question de l'intentionnalité n'est pas problématique si l'on comprend vraiment le tableau tel un écran, telle une paroi traversée, un lieu de conciliation entre « deux apparaître ». L'apparaître, cette anamorphose, peut certes toujours être vu pour ce qu'il n'est radicalement pas, mais il n'est jamais totalement vu pour ce qu'il est.

Voir c'est accomplir cette traversée qui en fait, comme le dit Jean-Luc Marion, est une croisée dans la mesure où elle a lieu selon l'écart : point de passage et de frontière obligée qu'est le tableau vu. Écran traversé par deux mouvements, le tableau vu est donc le point où se croisent ces mouvements. Deux invisibles se croisent afin que le visible soit[1].

Le tableau est le lieu commun entre ce qui est en amont (le transcendant) et ce que je vise. Mais peut-on dire qu'il est commun ? Commun il ne l'est jamais au sens d'ordinaire et cela dès qu'il est croisée mais il ne l'est pas non plus au sens d'une communauté ni d'un partage. Lieu d'extériorité entre le transcendant et la représentation de ce que je vois, ce lieu commun est avant tout celui de l'écart. Si l'on représente ces mouvements selon la logique d'une traversée linéaire passant par ce point qu'est l'écran constitué par le tableau, il faut être certain que ce que je vois est bien ce transcendant en amont, arrivé à moi sans distorsion, qui tout autant que le retrait en est la raison, reste le fonds, le fondement du tableau. Aussi proche puissé-je être de sa vision il y a toujours entre celui qui voit, le peintre, et ce que je vois de ce qu'il a vu, un écart ; c'est donc bien d'une croisée qu'il est question et non pas d'une pure et simple traversée sans perte ni défauts. Le modèle de l'écart où la croisée a lieu est la perte, la fuite là encore, au sens où deux directions fuient vers leur point de nuit réciproque, peut-être symétriques, mais à jamais séparés, séparés l'un de l'autre par cette nuit même. Cette nuit est celle aussi, originairement, du retrait dont nous parlions.

1. J.-L. Marion, *La Croisée du visible*. La croisée du visible n'est croisée que parce qu'elle n'est pas une traversée accomplie sans écart. Il faut entendre le titre, du moins c'est ce que nous essayons de faire, au sens même où J.-L. Marion dans « l'intentionnalité de l'amour » dans *Prolégomènes à la charité* (La Différence, 1986) définit la croisée des regards (p. 106-107). D'une certaine manière dans le tableau vu, deux regards se croisent effectivement et le tableau est l'effectivité de cette croisée, l'invisible vu, analogue.

Il faut donc entendre « croisée » au sens même où l'on croise un être que l'on va perdre, que l'on perd en fait à la seconde même où on le croise, et dont on a, à cette seconde, la certitude qu'on ne le recroisera jamais, du moins ainsi. On ne voit jamais un tableau de la même manière. Cette croisée est une aventure sans autre lendemain que la nuit dans laquelle le retrait nous jette. Il faut donc inscrire la croisée sous le sceau de ce retrait, c'est d'ailleurs la condition pour re-voir un tableau : pour voir à nouveau (et toujours autrement) encore faut-il avoir vu et surtout perdu ce qui fut vu. Et il faut être bien vaniteux, bien innocent ou bien aveugle pour croire que les tableaux vus nous attendent; si cela était, nous n'aurions aucun désir de les revoir; vouloir les revoir c'est avoir eu plus encore que le sentiment qu'ils se sont donnés à nouveau, celui qu'ils nous ont quitté, et quitté peut-être parce que notre pouvoir de voir, comme d'aimer, n'est jamais assez grand. Pour voir (quand on revoit) il faut donc avoir vu et voir alors sans rien prévoir. Pour voir, en d'autres termes, il faut comme l'on dit au poker « pour voir », miser pour perdre, même si parfois misant « pour voir » au poker l'on gagne, il ne s'agit ici que de voir en pure perte, voir et

perdre, voir pour perdre.

Le point qui accueille ces deux mouvements probablement étrangers en regard de ce *limes* qu'est le tableau a pour fonction non pas que les choses éclatent sur l'écran mais qu'elles trouvent asile un instant, un asile précaire et dont il faudra aussi vite repartir. Le regard donc d'un tableau à l'autre, serait-il le même, est toujours un regard en exil.

Dès l'instant où cette croisée est mise à jour il faut admettre qu'elle a lieu dans le tableau, qu'il est son site ou qu'il n'est pas. L'ensemble de ce développement n'est recevable que si l'on accorde à l'intentionnalité de régler l'économie générale des deux mouvements précités. « Nous devons donc comprendre l'intentionnalité non plus comme un obstacle mais comme un accueil, et c'est en analysant le processus de la réduction que nous pourrons découvrir cette place laissée par le pouvoir de l'intentionnalité à la *Sache selbst*, à la donation[1]. » À partir de ce visible possible

1. M. Caillou, *L'Intentionnalité selon E. Husserl*, sous la direction de J.-L. Marion, Université de Paris X Nanterre.

la montée à la visibilité aura lieu selon deux mouvements, selon le primat de l'un ou de l'autre de ces deux mouvements, selon le primat de l'intentionnalité, selon celui de l'intuition, selon l'initiative de la rencontre, de moi à l'œuvre, de l'œuvre à moi, comme s'il s'agissait de savoir qui fait le premier pas. Le premier mouvement, selon le mouvement même de l'œuvre, selon la perspective qu'elle offre, exhibe, impose ou non. Cela se montre jusque dans le retrait qui prolonge le mouvement. On a pu mettre à jour à partir des deux exemples évoqués que, dans les œuvres terminales de Klee, ce mouvement a lieu de l'œuvre vers moi, et jusqu'à me prendre de front, m'atteindre de face. Tout au contraire, l'œuvre de Sironi aux mêmes dates, et antérieurement, énonce une intentionnalité d'autant plus affirmée que l'objet qu'elle vise dans le tableau en est absent. Perspective ou contre-perspective témoignent de ces mouvements et probablement de leur point d'origine : mélancolie ou angoisse, avant d'être l'expression ou l'impression en moi de leur retrait, à moins que le retrait ne soit cette expression propre. Nous l'avons expérimenté dans les œuvres, cela se lit premièrement selon la source, l'origine de la lumière; dans un cas (Sironi), elle semble venir d'où l'on voit, de devant le tableau selon une intentionnalité sombrement évidente, dans l'autre (Klee), elle provient de ce lieu d'où je suis vu, dévisagé, du fond de l'œuvre comme de derrière le tableau. L'horizon de visibilité est dans un cas comme dans l'autre, un horizon projeté par l'intentionnalité sans laquelle il n'y aurait de toute manière pas de tableau mais, dans les dernières œuvres de Klee, cette intentionnalité est comme prise de court ou prise de vitesse alors que dans les œuvres de Sironi elle s'enfonce selon la perspective vers un point de fuite dont l'objet fuit sans cesse jusqu'à s'absenter. Ces deux mouvements s'appliquent globalement à ces deux œuvres mais il est évident qu'à l'intérieur d'une œuvre et pour les mêmes raisons tel tableau singulier, en venant contredire une telle définition, en fait la confirme. L'intentionnalité ne peut cependant d'emblée être confondue avec la lassitude, ni même la présomption, ce prévu allant au plus loin de la perspective chercher de quoi le surprendre, sans y croire. Seule, à l'extrême de l'intentionnalité, la mélancolie s'affirme donc comme le mouvement exaspéré de cette intentionnalité : la croisée a alors lieu au dernier moment comme sauvée d'elle-même par l'apparaître du dernier moment de ce qui n'apparaît pas.

Cet apparaître du non-apparaître que l'on a compris telle la définition de toute vanité.

Au-delà et à partir de ces mouvements c'est donc le retrait qu'il reste à penser. Entendons-le ainsi : ce qui m'apparaît n'arrive pas à assumer la totalité de l'apparaître, il y aurait donc fondamentalement une défaillance qui, parce qu'elle constitue le tableau, le défait : ce qui constitue la faillite du visible est en même temps ce qui le fonde. Celui qui voit ne voit jamais vraiment que selon son propre horizon de visibilité, cette intentionnalité où tout ce qu'il voit est construit, à la mesure de son pouvoir de vision. Dans ce que je vois je suis « mon *daimon* » comme du dedans et aucun pas hors de ma conscience semble-t-il ne peut être fait. Tout ce que je vois, je le vois comme moi le voyant. Comment comprendre ce voir pur (de l'apparaître se donnant lui-même à ma conscience) ? Précisément cette activité de mon voir est une activité « d'aveugle-voyant[1] ».
La mélancolie, la visée de la mélancolie serait le contraire de ce voir pur, le mouvement en perspective prévoit, et prévoit en vain, tout pour rien. Regardant tel tableau ma conscience fait ombre, ombre à laquelle

répond l'ombre de l'objet tombant sur moi. L'intentionnalité à son terme est à penser comme « l'obstacle » sans lequel rien n'aurait de sens, et la mélancolie comme une surintentionnalité. Ainsi se joue sur cette étrange et paradoxale scène un regard « d'aveugle-voyant », la visée de celui qui, dans cette surintentionnalité, cette obscurité avant la nuit du retrait, pourtant voit. Et c'est peut-être parce que toutes les choses sont frappées de nuit que je vois avant qu'elles ne retournent à cette nuit d'avant l'œuvre, avant d'être celle de l'œuvre. Il n'est ainsi pas si paradoxal d'affirmer que la possibilité de la vue est la nuit.

1. Lettre de Husserl à Hofmannsthal du 12 janvier 1907 dans *La Part de l'œil*, n° 7, traduction établie par E. Escoubas.

« Qu'il suive *purement* et *simplement* son *daimon*, comme du dedans celui-ci l'entraîne à une activité d'aveugle voyant » (p. 15). Ce numéro intitulé « Art et phénoménologie », ouvert par cette lettre inédite en français de Husserl à Hofmannsthal et malgré les contributions essentielles (nous soulignerons celle de Jean-Louis Chrétien : « La voix visible »), aurait plutôt dû s'intituler phénoménologie et art puisque, chaque fois, il s'agit du regard particulier d'un phénoménologue sur tel point de l'expérience esthétique ou, indifféremment, de l'histoire de l'art. On peut regretter l'absence d'article de ou sur Michel Henry, dont le Kandinsky reste le modèle inégalé d'une analyse phénoménologique appliquée à l'œuvre d'un peintre.

Intention et intuition supposent, ou sont supportées par, des mouvements contraires dont l'œuvre d'une certaine manière est le suspens, le point précaire d'équilibre. Cette hypothèse trouve son répondant dans la réduction, la suspension de tout ce qui est extérieur et pour Husserl, la suspension de mon jugement entendu comme acte thétique, position et plus vulgairement jugement de valeur[1]. Et pour le dire entre parenthèses, ceci est le contraire même du « parti pris » par la critique d'art qui prétend, l'expression n'est pas anodine, avoir des positions[2]. C'est seulement en ayant ainsi défini l'intentionnalité comme une telle solitude que l'on peut comprendre l'instant, l'instance, où ce qui se donne s'impose à moi au sens de l'*époché* husserlienne. L'instant, comme arrêté, où je vois ce qui vient venir à moi.

Dans la mesure où la chose n'est jamais aussi visiblement concrète, présente dans le tableau, l'excès d'objet répond au phénomène pur et ainsi forcément (par force) le déçoit, le fait battre en retraite (en retrait). Ce qui fonde l'écran fonde le retrait, ce qui crée l'illusion porte la désillusion dont la nuit retrouvée est étrangement le nom le moins amer. Dire que l'œuvre n'arrive pas à assumer la totalité de l'apparaître c'est donc supposer qu'il y aurait toujours un reste[3]. Ce *reste* reste dans la nuit où ce qui se retire le retire, pour que ce reste se confonde avec le retrait qui, en le rejoignant, le fonde.

1. Nous nous référons encore à la lettre de Husserl à Hofmannsthal où le premier établit une correspondance entre l'analyse phénoménologique et « l'art esthétique pur ». (Nous regrettons de n'avoir pu vérifier la formule originale.) Cette équivalence s'oppose à ce que Husserl nomme « prise de position naturelle », ce qu'il désignera dans les *Ideen* par attitude naïve ou « naturelle » « le vrai phénoménologique est donc proche parent du vrai esthétique dans un art pur » (p. 14). L'art esthétique pur aurait ceci d'exceptionnel qu'il permettrait de recevoir la donation elle-même. Et si à aucun moment le mot « donation » n'est présent dans le texte c'est bien lui qui l'occupe, l'organise. La mise hors circuit à l'œuvre au sein même de la méthode phénoménologique « car la méthode phénoménologique, elle aussi, exige une stricte mise hors circuit de toute prise de position existentielle » (p. 14), est celle qu'habite l'artiste gouverné par son *daimon*. L'artiste comme le phénoménologue est celui qui se place à distance. Husserl ne cesse de faire intervenir dans sa lettre « l'indifférence », mais cette distance reste gouvernée, vassalisée par son *daimon*, c'est-à-dire ce qui lui est le plus intérieur.

2. « L'intuition d'une œuvre d'art esthétique pure s'accomplit au sein d'une stricte mise hors circuit de toute position existentielle par l'intellect, ainsi que toute prise de position par le sentiment et le vouloir, laquelle présuppose une telle prise de position existentielle. Bien mieux : l'œuvre d'art nous transporte (quasiment nous y contraint) dans l'état d'une intuition esthétique pure qui exclut de telles prises de position » (*ibid.*, p. 13).

3. Nous ne comprenons bien sûr pas « ne pas assumer la totalité de l'apparaître » comme « s'en tenir à l'apparence », tout au contraire.

Le visible n'est donc pas visible dans le dévoilement de l'invisible mais dans un presque dévoilement. Pour voir il faut qu'une partie du voile demeure. Tout à l'opposé de la belle noiseuse enfin vue totalement, vue par d'autres qui ne voient, eux, que ce qui reste : « ce pied marmoréen » (vision, voile arraché qui produit la mort de Frenhofer), tant que nous voyons c'est qu'il reste à voir. Et la nuit est suffisamment vaste pour accueillir et confondre en un même désir l'insomnie du visible.

Mais à l'envers, l'intuition n'est jamais assez puissante pour accueillir la totalité de l'invisible ou, si l'on veut, la nuit n'est jamais assez noire encore qu'infiniment vaste; le chant d'Orphée en tout cas jamais égal à la nuit, jamais aussi sidérant son regard que cette nuit est sombre. Et d'être présent à cette nuit – en éveil – prêt au visible ne suffit pas pour qu'elle s'entrouvre. Aux ombres de Sironi répond la presque absence d'ombre des dernières œuvres de Klee, comme à la visée de la mélancolie répond le face à face avec l'angoisse où l'objet disparaît tant que son ombre même ne peut plus être puisque l'objet a, d'angoisse, absorbé son ombre.

126 Plus difficile est de comprendre strictement ce retrait à l'aune de la mélancolie et de l'angoisse. L'angoisse en tant qu'appel à la possession qui déjà se retire est le propre de la contradiction des mouvements, l'analogue des mouvements contraires en l'œuvre « conciliés ». Ce qui se donne se donne dans la mesure où l'on ne cherche pas à le garder à le prendre pour soi, où ce qui est reçu est reçu en pure perte; le concept de présence redouble cette ambivalence, en d'autres termes son mouvement est identique à celui de l'angoisse. Il la redouble en s'affirmant entre ce qui prend et tient pour se retrouver en présence de ce qu'il ne peut en dernière instance jamais tenir (tenir comme l'on tient un objet – *Umgriff* – mais aussi au sens de tenir parole; encore comme l'on dit en poliorcétique, tenir un siège, résister). L'angoisse en tant qu'elle est exemplairement ce retrait lors du surgir-disparaître est bien un point vide. Elle est ce qui retient, menacé par son disparaître, ce qui n'apparaît que pour disparaître – *Umgriff* toujours – avec une crispation d'autant plus grande qu'elle serre déjà le vide de cette nuit qui menace d'aussi près (jamais un tableau ne s'est avancé aussi près) que possible. Nous avons montré que cette nuit se confondait avec l'excès, le débordement hors plan de la lumière. L'angoisse est alors la teinte du « je » en l'œuvre, une teinte originaire, la couleur

absente ou la couleur de la nuit à venir, la présence du vide du je. Nous avions pu faire correspondre à d'autres moments de l'œuvre de Klee telle *Stimmung* à telle œuvre ; ici, nous l'avons vu, à partir de 1935 c'est cette *Grundstimmung* qui teinte d'une double nuit l'œuvre[1]. Le retrait est alors l'exécuté du tableau, ce qui l'exécute, à la vitesse de la panique mais aussi ce qui l'exécute c'est-à-dire le renvoie à la nuit. Le tableau me rend alors le mouvement qui le fonde de façon analogue et contraire aux mélancolies sironiennes qui opposent à cette vitesse où ce qui s'exécute s'exécute (bien sûr l'on pense à un peloton d'exécution) la lenteur d'une visée dont la perspective est bornée d'inutiles emblèmes, d'emblèmes devenus inutiles qui ne font que retarder, et retarder d'autant plus qu'à défaut de les voir, la visée les énonce parce qu'elle les connaît de toute une culture. Ce que la visée vise n'est qu'un point vide, analogue à celui précédemment énoncé mais obtenu selon le mouvement radicalement contraire.

Le tableau est alors avant d'être son retrait l'écart à l'égard de ce point vide – j'entends point vide au sens du point d'une ligne qui continuerait après avoir croisé l'autre ; celle qui marque le point, rend visible le point. Comment ne pas penser au point gris de Klee[2] ? Le point d'intersection, le seul visible, le seul qui rende visible la croisée.

1. Nous renvoyons à notre analyse dans *Paul Klee, L'Œil en trop*, p. 28, 29 et suivantes, et p. 80.

Si nous avions pu établir clairement le rapport entre telle *Stimmung* particulière et telle œuvre nous avions alors manqué son terme extrême c'est-à-dire le rapport entre cette *Grundstimmung* et l'intonation générale de l'œuvre après 1936. Par ailleurs C. Naubert-Riser dans *La Création chez Paul Klee* (Klincksieck, 1978) avait antérieurement établi un rapport identique en le limitant « au voyage en Tunisie ». Le mot *Stimmung* est alors cité dans une note brève et justifié. C. Naubert-Riser se réfère à Heidegger sans aucune précision (p. 71) en confondant *Sein und Zeit* et l'*Anthropologie philosophique* de Bollnow sans le citer. Dénaturant la pensée de Heidegger : « La *Stimmung* est un mode fondamental de l'ouverture à la présence à. Cette ouverture est responsable de la capacité d'être affecté par laquelle nous sommes introduits au monde » (p. 71), l'auteur laisse ce concept de *Stimmung* dans un flou théorique préjudiciable, d'autant plus préjudiciable qu'il semble en d'autres textes (*Catalogue Paul Klee* du musée de Saint-Étienne) s'accorder le monopole de ce mot appliqué à l'œuvre de Klee.

2. P. Klee, *Théorie de l'art moderne*, p. 56.

« Cet être-néant ou ce néant-être est le concept non conceptuel de la non-contradiction. Pour l'amener au visible (prenant comme une décision à son sujet, en établissant le bilan interne), il faut faire appel au concept de gris, au *point gris*, point fatidique entre ce qui devient et ce qui meurt. Ce point est gris, parce qu'il n'est ni blanc ni noir, ou parce qu'il est blanc tout autant que noir. Il est gris parce qu'il n'est ni en haut, ni en bas ou parce qu'il est en haut tout autant qu'en bas. Gris parce qu'il n'est ni chaud ni froid. Gris parce que point non dimensionnel, point entre les dimensions et à leur intersection, au croisement des chemins. » Le gris du point gris l'est comme l'œuvre de cette croisée, entre le jour de l'œuvre où elle apparaît et la nuit même où elle se retire.

On pourrait aussi y lire l'inaptitude de l'intentionnalité à recevoir plus qu'elle ne peut retenir, son impossibilité à se tenir dans l'infini, en face plutôt[1]. Comment l'entendre? L'angoisse de ce qui se retire n'est pas à posséder, et son retrait aussi immédiat que sa présence serait en quelque manière une incapacité de l'intention, une neutralisation de l'intention, ou mieux, son quasi-anéantissement alors que la mélancolie serait une défaillance fondatrice dans l'excès de l'intention. Là encore ces deux œuvres nous offrent des schèmes antithétiques : pour le dernier Klee l'angoisse n'est pas une visée mais le mouvement même d'un retrait et en ce sens, nous l'avons vu, quasiment non thématisable ou alors très secondairement; les œuvres de Sironi rendent en revanche bien visible ce mouvement de moi vers « la chose », une possession qui ne connaît que parce qu'elle englobe, « aligne » ce qu'elle vise. Si comme l'angoisse de Klee la mélancolie sironienne n'aboutit à rien, elle le vise, prend tout son temps pour le viser – son temps devenant ainsi un non-temps, un exil du présent, quand pour Klee le présent dans un surgissement n'était que pure perte, visée quasi impossible et à tout le moins inutile, tant la fulgurance du face à face la désarmait.

Il n'y a du visible que parce qu'en lui se tient l'invisible. L'invisible est le lieu, la place, le site du visible, un site qu'il ne pourra jamais totalement investir. Cela est propre à la vision, entendue au sens où il existe deux voir : le voir d'une vue qui voit et le voir d'une vue qui ne voit pas, entendu que le voir premier est déterminé par l'apparaître. Il s'agit de faire coïncider le mouvement de retrait révélé par l'intention quand l'intention lutte contre le (son) vide; ce qui est révélé alors c'est l'objet en tant que celui qui ne cesse de se retirer, de se retrancher, de s'effacer. L'intention révèle alors, sans jamais en disposer, l'invu du tableau. Elle détermine que le visible ne se fait qu'à partir de l'invisible du visible, qui est montée au visible. Le visible c'est-à-dire cette vue qui se donne dans un mouvement d'apparaître. L'objet intentionnel désigne bien ce double statut de l'apparition : l'objet est bien à la fois ce qui va être vécu par la conscience et qui, irréductiblement pourtant, se tient face à elle, lui tenant tête.

1. N'est-ce pas ainsi que nous avons analysé le statut de cette femme-colonne, témoin dans l'œuvre de Sironi ?

S'il y a indéniablement un mouvement de va-et-vient dans la croisée, il n'y a jamais deux objets qui apparaissent, et quand l'être comme chose s'absente on ne peut en aucun cas dire que le remplace l'être comme vécu. Cette transgression par rapport au kantisme (chez Kant l'être comme vécu remplace l'être comme chose et « impossibilise » que l'être comme chose [la chose en soi] apparaisse) est décisive pour fonder le statut de l'esquisse[1]. Cette distinction n'est donc pas une concurrence; quels liens donc entretiennent l'être comme vécu et l'être comme chose? Dans la métaphysique classique jusqu'à Kant quand l'un apparaît l'autre disparaît. Il faut entendre dès lors que lorsque l'un apparaît l'autre demeure et demeure en lui. Ce qui demeure, ce qui reste, n'est ni un dépôt, ni un acquis, ce qui demeure non seulement apparaît mais apparaît pour disparaître et cela est le statut propre de l'apparaître. C'est sous le mode de l'esquisse que ce qui demeure demeure : « Ce n'est pas une propriété fortuite de la chose ou un hasard de notre "constitution humaine" que notre perception ne puisse atteindre les choses elles-mêmes que par l'intermédiaire de simples esquisses[2]. » C'est donc dans l'esquisse et seulement dans l'esquisse que la chose peut se donner en se donnant pour ce qu'elle est, c'est-à-dire sans autre reste, à demeure, et pourtant essentiellement selon son retrait.

Le rapport entre esquisse et chose est souligné et ainsi trois termes mis en présence : l'esquisse (que l'on peut rabattre sur le visible du tableau, la représentation); la chose (cet en amont de l'œuvre, l'être comme chose, le transcendant) et enfin notre constitution – « le hasard de notre constitution » – (l'intentionnalité). Dans cette relation Husserl introduit une clause de nécessité : ce n'est pas « une propriété fortuite ». Il y a donc un lien que l'on doit définir entre la chose et l'esquisse assez « visiblement » analogue au lien entre l'intuition et l'intention. C'est ce lien qui permet de prendre nos distances par rapport au subjectivisme. Nulle opposition, ni concurrence entre l'intention et l'intuition mais ce lien comme nécessaire : afin que le visible ait un lieu, trouve demeure, il faut que l'intention se déborde elle-même, qu'elle se transgresse et pour ce faire elle ne peut pas être simplement une objectivation mais doit garder plénier son désir de vide.

1. E. Kant, *Critique de la raison pure*, Esthétique transcendantale, Dissertation de 1770, § 4, § 11, § 24.

2. Husserl, *Ideen I*, IIe section, chap. 2, § 42 (77).

« Le regard en perspective traverse le vide sans fin parce qu'il le traverse pour rien; en perspective le regard se perd dans le vide, strictement il se vide même outrepassant définitivement tout objet pour viser le vide même[1]. » Deux formules apparemment contradictoires sont présentes dans l'énoncé : « outrepassant définitivement tout objet » et « pour viser le vide même ». Le propre de l'intentionnalité est l'acte objectivant, or ici se trouvent conciliées la perte de l'objectivation et la visée[2]. Le procès de la visée se passe d'objectivation ou plus clairement d'avoir à constituer un objet tant le rien du vide ne saurait être dit du nom d'objet, et pourtant l'intentionnalité subsiste en tant que visée[3]. C'est, sans le dire, la visée en tant que visée de la mélancolie que décrit Jean-Luc Marion supposant que la perspective en est le milieu, la condition même.

Revenons au lien nécessaire entre esquisse et chose : notre manière propre de constituer la chose, de l'atteindre – l'esquisse – est finalement « le respect » de l'être propre de la chose. S'il y a des esquisses c'est que la chose est esquisse. D'où le tableau est, au sens où il est « véritable », en tant qu'esquisse parce qu'elle est la visibilité du *ce* de ce qui est esquissé.

 Husserl use du mot « esquisse » (*Abschattung*). L'esquisse est ce qui est inachevé : elle serait « l'apparence » c'est-à-dire la re-présentation, l'objet qui se donne de manière impérative, nécessaire mais indéfinie, en l'occurrence toujours non achevé, essentiellement non fini. Dire cet indéfini c'est dire que dans l'esquisse se tient le retrait au sens de quelqu'un présent sans savoir, ni pouvoir entrer et dont le mode d'être là, au seuil, au plus près du seuil, est le retrait, l'obligation au retrait.

La présence qui est autre que celle « d'une métaphysique de la présence[4] » sera donc selon le mode de l'esquisse et l'esquisse sera le mode de la présence. Le mode de ce qui est inachevé, son indéfinition seule répondant à l'apparaître, en assumant le retrait, c'est ce que nous lisons de l'emploi du mot « esquisse » par Husserl[5]. On ne peut pas pour autant prétendre

1. J.-L. Marion, *La Croisée du visible*, p. 13.

2. Nous retrouvons ici le mécanisme proprement en œuvre dans les tableaux de Sironi.

3. Voir note 14 (troisième partie, chapitre 1). Il est frappant que l'analyse de *Melancholia I* ait si implicitement servi de modèle à l'étude de la perspective dans *La Croisée du visible*.

4. Nous reprenons l'expression de J. Derrida dans *La Voix et le phénomène*.

5. *Ideen*, § 41 : Esquisse « On se laisse abuser par cette idée que la transcendance de la chose serait celle d'une *image-portrait* (Bildes) ou d'un *signe*. Fréquemment on combat avec ardeur la théorie basée sur

qu'elle reprenne ce qu'elle donne mais simplement que je perds ce qu'elle donne. Comment interpréter cette présence en tant qu'elle assume et se fonde en sa disparition ? Il ne faut pas admettre la représentation comme simple tenant-lieu-de, repoussant l'apparition à un futur qui semble ne plus devoir venir ou à un passé invisible dont il ne reste que la strate, le tableau étant inerte, désespérément muet.

Si le propre de la représentation est de représenter par esquisse, l'esquisse s'applique à ce qui fuit, la représentation est à même de prendre en charge l'être même de la chose puisque cet être est ce qui fuit, tant il est vrai qu'il ne saurait être de donation sans retrait, que ce qui est donné n'est donné que pour être repris. Le lien est donc nécessaire entre la chose et la simple esquisse. Husserl fait tomber « la simple esquisse » du côté de l'intentionnalité, de notre côté donc, alors que toute la métaphysique consistait à opposer l'esquisse et la chose, en d'autres termes l'intentionnalité

l'image mais pour lui substituer une théorie basée sur le signe. Elles sont l'une comme l'autre non seulement inexactes mais absurdes. La chose étendue que nous voyons est perçue dans toute sa transcendance ; elle est donnée à la conscience dans sa corporéité » (*Ideen*, IIe section, chap. 2 [78-79]).

Husserl signifie ici que ce qui est perçu, comme ce qui est vécu, ne l'est qu'à la faveur d'une donation. L'apparence n'est pas un dérivé de l'apparaître, d'une apparition plus forte, de degré ontique supérieur. L'apparaître n'est pas la dépréciation de la chose. La chose ne projette pas son image sur ce que nous voyons. « L'image-portrait » et sa critique renvoie ici, bien sûr, à une théorie de la copie, de la reproduction, c'est-à-dire d'un double qui jamais n'égale l'original. Dire, comme le fait Husserl, que la chose, « dans toute sa transcendance » se donne dans l'esquisse et ne s'y donne que de cette manière, c'est faire jouer, contre la métaphysique classique, « l'heure de l'ombre la plus courte ».

« Et de nouveau on trouve ici la distinction entre d'un côté, ce qui à chaque fois est objet, qui est ou était, qui dure ou change, et d'un autre côté, le phénomène du présent ou du passé, le phénomène de la durée ou du changement, phénomène qui est chaque fois un maintenant et qui, dans l'esquisse qu'il contient et dans le perpétuel changement qu'il subit lui-même, amène à l'apparition, à la figuration, l'être temporel » (*L'Idée de la phénoménologie*, 5e leçon [67-68], « Épiméthée », Paris, P.U.F., traduction établie par A. Lowit).

« Faisons réflexion sur la sensation, sur les esquisses : ce sont bien des données évidentes que nous saisissons ; et si nous varions l'attitude et la direction de l'attention, nous pouvons, avec une parfaite évidence, mettre également en relation ces esquisses avec les moments objectifs correspondants et les reconnaître comme correspondants » (*Ideen I*, IIIe section, chap. 4 [203], Paris, Gallimard, traduction établie par P. Ricœur).

Notons aussi que dans les *Recherches logiques*, les traducteurs, à savoir H. Elie, Arin L. Kelbel et R. Schérer, ont rendu le terme *Abschattung* par « Nuance ». On a alors : « c'est ainsi que, dans notre exemple, le général c'est la couleur, le particulier c'est telle ou telle couleur déterminée, telle nuance de rouge *(Abschattung)*, telle nuance de bleu *(Abschattung)* » (*Recherches logiques* V, chap. 3 [435], « Épiméthée », Paris, P.U.F.).

de la conscience et la chose même[1]. La chose même ne pouvait jamais être recueillie que par le filtre d'une intentionnalité amené à la déformer et la représentation était bien comprise telle une référence, un manque, un redoublement-dédoublement. Un tel manque est le contraire même de ce retrait dont nous tentons de parler et qui ne peut se penser comme un défaut. Le retrait est au contraire la preuve qu'il n'y a pas de manque : la preuve que cela s'est donné[2]. Ce qui entrait en rivalité, la représentation comme ce qui déprécie ou apprécie, dans un tel contexte n'a pas lieu d'être puisqu'il y a une conaturalité, une vraisemblance et non une ressemblance entre l'esquisse comme représentation et la chose. Cette conaturalité des deux serait en fait plus justement définie à nouveau comme co-présence. Co-présence de la chose et de l'esquisse, le mode propre de l'apparaître étant l'esquisse, une esquisse portant en elle ce qui la fonde mais essentiellement, et essentiellement de manière inachevée.

De la même manière, s'il n'y a pas d'esquisse achevée il n'y aurait pas d'apparaître absolu à moins d'entendre que cet absolu de l'apparaître soit justement dans cet inachèvement dont le retrait est le terme.

La chose en tant qu'elle est donnée est donc « dans » l'apparaître sous le mode de l'esquisse (exemplairement dans l'œuvre) qui est le mode d'être de la chose. En elle l'invisible en regard de la chose est toujours présent. « Le visible s'émancipe de la vision au moment où il se réapproprie son invisible[3]. » Le tableau est donc l'expression du mouvement de retrait et ce qui est re-présenté (présent là) en fait est le retrait de la chose même. L'esquisse montre ce qu'elle ne montre plus ou pas encore dès l'instant où elle le montre. Elle est en tant qu'apparence la présence de la chose dans son évanouissement. Cette rivalité ou possible disqualification, Jean-Luc Marion la met en scène en d'autres termes et sur le terrain propre de l'œuvre : « Leur commune disqualification implique donc la possibilité d'un nouveau jeu entre le visible et l'invisible où celui-ci ne met plus

1. Avec Husserl l'objectité dépasse l'objectivité et, du même coup, l'objectivité devient le nom *ad hoc* de ce que l'on appelait la subjectivité.

2. Nous employons le mot « preuve » en référence à *Beweisen* (acte de démontrer), mis en place par Husserl dans *Recherches logiques* I, chap. 1, § 3, où l'auteur oppose *Beweisen* à *Hinweisen* (acte de renvoyer), ce dernier terme tombant du côté de la non-évidence de l'indice.

3. J.-L. Marion, *La Croisée du visible*, p. 40.

en scène celui-là mais s'y met à demeure ou, risquons-nous, l'invisible *dans* le visible[1]. » Quand Jean-Luc Marion affirme que le propre de la perspective est l'intentionnalité, il sous-entend que c'est l'objectivité, la mise en scène donc de l'objet par l'invisible, que l'invisible, pour le dire plus simplement, donne à voir le visible. « Disqualification » suppose que le visible pour être visible congédie l'invisible selon le modèle de la perspective. Est alors proposée une relation où il n'y aurait plus disqualification mais où une tension les présenterait ensemble, l'un par l'autre mais aussi l'un dans l'autre, l'un pour l'autre. Une telle hypothèse n'est pour lui recevable que si on dépasse l'objectivité ou pour le dire plus radicalement, l'intentionnalité. La question demeure de savoir si l'invisible ne peut pas trouver demeure au sein du visible, « dans » l'intentionnalité. Pour que l'invisible trouve le visible comme son lieu, son asile, fût-il une frontière, est-il forcément et comme par force, nécessaire et indispensable d'en passer par cette transgression de l'intentionnalité et de l'objectivité ici résumée à la vision en perspective et au système qu'elle suppose ? Oui, et dans le cas du dernier Klee (et même dans son évolution) qui, défaisant la perspective, exhibe bien que l'invisible est à demeure dans le visible).
Mais à y regarder de plus près chez Sironi, dans une œuvre comme *I costruttori* (Les constructeurs), que nous reprenons ici tel l'emblème de la construction perspectiviste sironienne, la perspective n'a pas la puissance d'accueillir en elle, dans l'horizon de sa visibilité même ce qu'elle offre, cet invisible qu'elle oblige alors à fuir selon une trouée – une niche ou porte en forme de niche, noire ici, leitmotiv sironien –, ou à rebondir (ou s'écraser) contre un mur – un mur réel ou une montagne, autre leitmotiv. L'obstacle à l'invisible ou son négatif (le négatif de l'obstacle étant la trouée) rétablit alors la coexistence du visible et de l'invisible. L'invisible est bien alors dans le visible : à demeure mais comme en exil, étranger et, par cette étrangeté même, radicalement présent au sein du visible, affirmant de toute sa puissance de fuite cette co-présence exilée qui pourrait être le

1. La démonstration suivante ne perd pas de vue que pour J.-L. Marion l'« icône d'abord – s'offre à voir au regard sans utiliser la perspective » (*ibid.*, p. 41). Notre démonstration suppose l'emboîtement, l'enchâssement dans la perspective – dans l'espace et la logique perspectiviste – d'un espace d'un autre ordre que le voir aurait proprement à déceler – desceller – et qui, porté jusqu'au plus loin par la visée perspectiviste de Sironi – celle de l'intentionnalité – viendrait à contre-regard, la contredire.

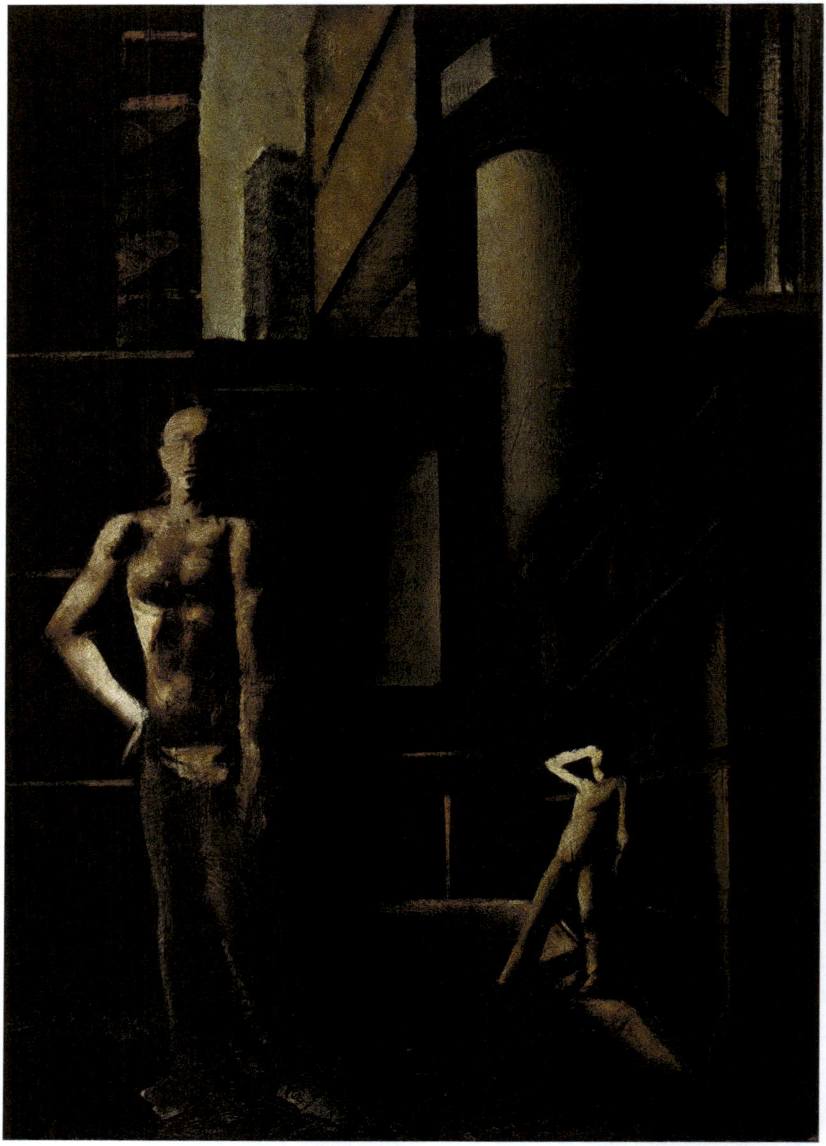

Mario Sironi, *I costruttori*, 1929, huile sur toile, 100 × 70 cm,
Museo del Novecento, Milan

nom dans l'espace des thèmes de mélancolie sironiens. Parce que l'œil bute en cette visée prise en défaut, il la confirme tout en la dénonçant, installant l'œil dans un espace étranger où l'espace perspectif instaure en son point de fuite, un espace autre, allogène et résolument contradictoire. L'intentionnalité ainsi préservée découvre en son cœur même le battement d'un invisible que le visible a contribué par défaut à bâtir ou à fissurer, à tout le moins à instaurer. L'invisible dans l'invisible donc, pouvons-nous risquer (et toujours bien sûr par l'intercession forcée du visible).

La visée mélancolique après avoir buté et rebondi (ou s'être écrasée) sur autant d'étants, disons les emblèmes, que le regard porte sur (dans) une architecture complexe : homme, colonne, mur, niche, fausse niche, sans jamais pouvoir s'y arrêter, s'y « nicher », vient s'enfoncer ou mieux s'arrêter (s'écraser), s'interrompre sur l'espace noir et muet d'une porte ouverte – croit-on – au monde d'une nuit, certes prévisible, mais qui, affirmant sa toute-puissance sur les autres étants, fait rebondir ou s'enfoncer alors le regard dans un invisible effectif puisqu'efficace (la trouée ou le rebond). Ici et au sein même de l'intentionnalité donc, selon un scénario, cette fois plutôt qu'un drame, explicable. L'invisible dans l'invisible pourrait se comprendre tel le retrait et ses conséquences, le prévisible dans le visible : la mélancolie qui ne se montre plus donc, l'œuvre alors et ainsi, vaine et non « vanité ».

L'esquisse porte en elle, et c'est seulement ainsi qu'elle peut se comprendre, non seulement son inachèvement mais les formules de cet inachèvement qui ne sont jamais manques mais au contraire hypothèses d'invisibilité – de donation et de retrait. La présence telle que nous l'avons comprise est bien l'esquisse telle que Husserl l'entend généralement et dont le tableau offre « réellement » le plus sûr modèle. Le mot est alors seulement et nécessairement rendu à son origine mais aussi compris fondamentalement comme une distance, un écran, écran au sens de distance et non au sens de déformation et de filtre, au sens de la surface qui sépare et sur laquelle peut rebondir ou s'anéantir mon regard comme en un mur, une paroi qui sépare et affirme. Il est probable que pour être solide une telle pensée de l'esquisse ait besoin de sa théorie contraire, celle du « voir pur » et que la seconde serve en fait l'autre comme un projet irréalisable sert une cause.

L'une et l'autre confirment à tout le moins que la chose m'apparaît; ainsi dans un tableau on voit toujours ce que le peintre « ajoute » au sens d'une détermination psychologique, d'une teinte alors qu'en fait il ne s'agit de voir que ce qui se refuse, ce qui se donne sur le mode du refus.

Le mode propre de la chose sous l'esquisse, contrairement à une détermination sommairement psychologique, n'est pas le « supplément » mais le refus. Le mode propre de la chose est le *se refuser*, c'est seulement en ce *se refuser* que peut exister notre désir de voir.

Le « voir pur » et l'« esquisse » étant au demeurant deux modes de penser le « se refuser » : l'un idéaliste, l'autre réaliste ou intentionnellement réglé. Là où le voir pur est le « caprice », Husserl dit le *daimon*, ce pouvoir qui est assigné idéellement, idéalement à l'artiste, l'esquisse est bien le seul lieu possible pour penser en même temps que l'écran la croisée; qu'elle ait lieu ou non au plus près du *daimon* de l'artiste. Nous avons voulu penser à partir de Klee et Sironi cet écran, l'œuvre comme écran et lieu de cette croisée, écran aussi au sens où les images y défilent, que l'une chasse l'autre, et que le retrait est bien là exemplairement le même que le don. En

ce sens le modèle cinématographique qui est celui du retrait et du retrait immédiat est bien paradoxalement le plus adéquat pour penser l'image fixe – encadrée – mais tout autant projetée.

Partant de cette présence comme retrait, le point à définir est bien celui de la croisée, ce qui fait que dans l'écran l'intention de moi vers l'œuvre et l'intuition, si l'on peut exprimer ainsi le propre mouvement de l'œuvre vers moi, puissent se croiser et que cet écran puisse recevoir et accueillir ces deux mouvements sans contradiction, sans antagonisme, sans guerre[1]. L'écran n'est, ne sera que parce qu'il n'assume pas, n'a pas à assumer, une telle fonction faussement conciliatrice ou l'assume dans son échec, à l'intérieur même de cet échec, selon une trêve, trêve où la croisée a lieu dans ce non-temps propre aux trêves en temps de guerre.

1. Il ne s'agit pas de crever l'écran comme pour passer dans l'autre monde. La traversée de l'écran doit se dire comme un prolongement. Dans *Les Carabiniers de* J.-L. Godard, les acteurs défoncent l'écran pour retrouver ce qui a lieu sur l'écran : le réel est sans double au fond, l'image ne se dédouble pas, elle est comme un point de la croisée, le point de trêve, indépassable; les carabiniers cherchent ce point où il n'est pas, le réel sur l'écran.

De fait, l'intentionnalité de celui qui regarde pourrait-elle recevoir ce qui, en amont de l'œuvre, dans l'invisible qui la fonde, sans distorsion, se donne, tel quel, selon le *daimon* propre de l'artiste ? Ce tel quel pensé en tant qu'esquisse permet la croisée, l'autorise, annonce la trêve sans savoir son terme, ni ce qui y mettra fin. L'esquisse est ce que ce tel quel est, et selon l'écart qui l'origine. Ainsi se produit un redoublement du retrait par l'écart : en tant que l'esquisse (l'œuvre donc) est cet écart ; et le retrait n'aura lieu que dans la grâce de cet écart. Lieu même du retrait, dans la grâce de l'écart, sous le nom de trêve, l'œuvre est traversée de deux invisibles d'autant plus nettement qu'en leur croisée l'intentionnalité de la conscience accuse ce retrait. L'accuse comme on désigne en vain ou non (c'est le cas de Sironi) ; l'accuse comme l'on reçoit une condamnation sans ciller (c'est le cas du tout dernier Klee après 1935).

« Sans ciller » ne peut s'entendre cependant hors l'angoisse que le retrait appelle et détermine, localise même, et localise en l'œuvre ; l'œuvre, lieu du retrait, est dans le cas exemplaire de Klee celui de l'angoisse. L'angoisse comme ouverture à l'être ne l'est que selon le retrait et le retrait antécédent à l'angoisse tout autant que la donation est antérieure à l'être. Dans l'angoisse l'intentionnalité voit et voit ce qu'elle n'a prévu, elle voit son horizon et mesure quel est son horizon, voyant alors ce qu'elle ne peut prévoir ; elle est sans référence à l'être, pure objectivation. Subissant le retrait elle réalise qu'elle ne peut faire que cela, qu'il n'y a, comme on le dit dans la langue courante, « rien d'autre à demander » et pas même au prix de l'attention la plus extrême. Que veut dire ici « sans référence à l'être », comment le comprendre dans l'étude qui nous occupe puisque c'est ce « sans référence » qui va impliquer une tonalité particulière et originaire, selon Heidegger, de l'être ?

« Ce à quoi va la relation mondaine est l'étant lui-même et rien d'autre *(und sonst nichts)*, ce dont toute attitude reçoit sa direction est l'étant lui-même et rien d'autre *(und sonst nichts)*, ce avec quoi advient, dans l'irruption, l'analyse investigatrice est l'étant lui-même[1]. » Le *und sonst nichts* représente

1. M. Heidegger, *Wegmarken*, cité par J.-L. Marion in *Réduction et donation*, p. 253.

le moment où l'étant se retrouve égal à lui-même, le moment où il est seul, sans référence à l'être. Ce « sans relation » à l'être est bien le statut de l'étant objectivé. Quand l'intentionnalité est face au retrait, seule avec elle-même, à la limite de son pouvoir, face à cette limite, à cette limite comme seule objectivation ou vue objectivante, à cette limite-frontière d'avec un pays absent; l'étant seul avec lui-même peut-il se dire alors autrement que dans l'isolat dans lequel le retrait le laisse et l'abandonne (Sironi) ou le jette en le précipitant (Klee) ?

Ainsi s'édifie un lien entre le rien en tant que vide et l'acte objectivant, c'est-à-dire entre le rien lui-même et l'intentionnalité de la conscience. Qu'est-ce que l'acte objectivant sinon cette intentionnalité ? Remarquons que lorsque Heidegger affirme que toute attitude reçoit sa direction de l'étant lui-même, il définit bien le mouvement intentionnel. Comment définir en revanche ici afin que les œuvres de Sironi et de Klee s'en trouvent éclairées, ce rien devant lequel une telle intention se retrouve ? L'angoisse s'entendrait comme le manque de l'être (au sens où l'on manque une cible). Dans l'angoisse l'être est là mais sous le mode de ce manque.

L'intentionnalité de la conscience va être éprouvée alors en sa défaillance. L'angoisse naîtrait de cette intentionnalité en face d'elle-même, l'équivalent d'un « et puis » avec quelque chose qui ne viendra pas – qui est repoussé – pour ne pas venir. Le rien renvoie une première fois à l'étant lui-même : « le rien joue donc un double jeu avec l'étant : il l'expulse en particulier pour y renvoyer en son ensemble et dans cet ensemble désigner ce qui angoisse en tant qu'il s'engloutit, en tant donc qu'il est en train de n'être pas[1] ». Le rien a deux fonctions de renvoi, renvoyer au sens de congédier : l'étant n'a plus de référence à l'être, l'objet est proprement séparé et est objet se tenant alors dans sa stricte autonomie; pour que l'être paraisse, il va falloir que l'étant se brise, pour l'heure au contraire l'étant est consolidé, autarcique, à ce moment extrême de l'intentionnalité, l'étant est dans son autonomie et dans sa plus grande solitude. L'autre source de renvoi (renvoi à) joue dans l'absence même de référence qui ne fait que redoubler le vide qu'une telle absence accuse : l'expulsion de l'être se tient encore donc dans une

1. J.-L. Marion, *Réduction et donation*, p. 265.

référence à l'être[1]. Le mouvement de retrait que nous avons préalablement déterminé n'est autre donc que le terme de ce double renvoi.
Si dans la mélancolie l'expulsion de l'être n'est que dans sa référence à l'être, dans l'angoisse, le « manquer » en est la présence, le « manquer » qui parce que manquer le rend présent (il est là comme manqué sans que l'on puisse « viser » une autre fois, on a droit à une seule visée qui a toujours déjà eu lieu). « Je m'angoisse du retrait, de l'absence, du rien de l'étant[2]. » Le rien de l'étant est l'étant à son comble, l'étant et rien d'autre, l'objet constitué par l'intentionnalité, la somme des étants pour rien, l'étant et rien.
C'est du retrait dont s'angoisse l'angoisse, et son implication est dans ce va-et-vient, dans ce « va » sans espoir de retour. L'angoisse sera ce retrait, point d'évidence au moment où l'étant atteint son comble. L'évidence serait ce moment de l'étant à son comble. Évidence en tant que voir, ce voir qui fait le vide, qui creuse pour combler, qui évide afin que l'étant soit à son comble (nous retrouvons ainsi ici le modèle perspectiviste et la visée de la mélancolie). Le moment du comble de l'étant est celui du rien et l'évidence d'avoir à voir le rien (le tableau vient et se retire mais sans espoir de retour, se retire dans sa nuit ; alors il crève les yeux, aveugle juste après avoir crevé le visible, l'ouvrant de son invisible). C'est le mouvement même de l'angoisse que de constater ce vide ; l'évidence est alors plus qu'une clairvoyance, elle est cette clairvoyance qui voit la nuit de son horizon, par son horizon, quand la visée est privée de tel étant particulier mis à jour.

Quand l'étant est présent dans son ensemble, il est présent comme un vide et quand l'intentionnalité joue pleinement son rôle, elle se comprend comme néant ; il faut que l'intentionnalité soit poussée à un point extrême, qu'elle ait conquis toute sa gloire pour savoir que pouvant tout, elle ne peut rien. L'angoisse survient à ce moment et se découvrant, renvoie l'intentionnalité à son horizon, ainsi ne s'angoisse-t-on jamais pour quelque chose et la véritable angoisse est celle qu'on ne peut montrer d'aucune figure. Nous

1. J.-L. Marion, *Réduction et donation*, p. 265.
« L'apparition de ce renvoi/"renvoi", dont seuls les muets guillemets traduisent le dédoublement en deux contraires, ne confirme pas seulement l'indétermination essentielle du phénomène du Rien : elle marque surtout que le Rien naît et vit d'un renvoi de... (tout étant) qui renvoie à ... (le fait de l'étant dans un ensemble). »
2. *Ibid.*, p. 263.

avons exhibé en analysant les œuvres de Klee qu'elle ne pouvait être figurée, thématisée dirait l'historien de l'art. Il est vrai que l'angoisse ni la mélancolie, si elles sont ce rien, ne peuvent se peindre. Ne seront peintes que les déterminations ontiques de l'angoisse ou celles de l'ennui. Pour Klee les figures des peurs désignées comme telles et faisant titre; pour Sironi les titres d'allégories reprises faisant figure. Sironi semble avoir compris que l'allégorie était la figure déjà offerte, toute prête et infiniment *ad hoc* de la mélancolie; l'ennui sironien les réinvestit, les met en scène à la lumière du présent dont ce faisant il met à distance l'exil. Klee trouve dans les figures de la peur, de la mort, celles de la maladie, celles accessoirement du politique, les termes de cette angoisse qui, invisible, ne peut autrement se montrer. Il n'est alors question que de voir l'invisible dans de telles figures tant elles parviennent à être l'esquisse de cette angoisse[1].

Jean-Luc Marion sous-entend qu'il y a un rapport entre intentionnalité et angoisse; il faut donc mettre l'angoisse autant que l'ennui en « regard » de l'intentionnalité. De fait l'angoisse et l'ennui partent de celui qui voit, à des rythmes et des vitesses différents et selon des mouvements complexes mais identiquement; il faut savoir donc ce qui se trame dans la relation intentionnelle où va naître l'angoisse, où va naître l'ennui.

L'angoisse en tant qu'elle est le double renvoi que nous venons de définir est expulsion, congé de l'être, donc surautonomie de l'étant, c'est-à-dire l'acquis maximal de l'intentionnalité. L'étant à son comble, l'étant pour rien, l'étant comme rien, ne pourra se dire qu'en retrouvant telle ou telle détermination ontique. L'angoisse n'a lieu qu'en référence à l'être, affolée de l'avoir manqué.

Dans l'expulsion au moment où l'étant conquiert son isolat, la présence de l'être en tant qu'absent est redoublée.

Ce qui apparaît c'est l'absence de l'être, et apparaît d'autant plus violemment qu'il a été manqué. Il apparaît au moment où je le manque, quand, comme à côté de la cible, du cadre, je le vois manqué sous la figure du rien – tout ce qui reste totalisé en rien – sans et en regard de lui.

1. Il faut entendre ici esquisse rigoureusement au sens de notre démonstration, quand en l'œuvre toute assignation, toute thématisation, a été rendue secondaire et réductrice par ce statut auquel l'œuvre parvient dans l'angoisse et qui peut très légitimement se dire du nom d'esquisse : l'esquisse comme l'équivalent en l'œuvre de l'angoisse en tant que retrait.

Ce moment nous l'avons défini comme le retrait. Le retrait ayant lieu de manière évidente quand l'étant est à son comble, épuisé, saturé (ce qui peut être « décrypté » comme une définition du tableau). Le visible est alors en tant qu'étant surproduit par une intentionnalité si puissante qu'elle excède ce qu'elle escompte, et parce qu'elle l'escompte, c'est-à-dire le prévoit, le manque.

Ainsi il y a coïncidence à partir de ce retrait entre l'ennui et l'angoisse en tant que tonalités originaires où l'étant est à son comble (que les modalités de ce « à son comble » soient la pétrification – Sironi – ou l'implosion – Klee). Le tableau en tant qu'étant dont le destin est d'être porté à son comble par excès d'intentionnalité sera alors, dès lors, prévu, non plus à voir, et l'on ne pourra plus le voir parce que pré-vu. L'ennui est exemplairement la tonalité où l'étant est prévu et où l'intentionnalité s'épuise parce que tout ce qu'elle prévoit, elle le vit en vain et ne le voit pas.

Quand elle échoue ou se perd en ce retrait, l'intentionnalité, à ce point, est le contraire symétrique de l'apparaître quand ce qui est vu est vu de l'intuition. Si le propre de l'intentionnalité est l'apparence en tant que manifestation de l'apparaître (représentation) alors on peut croire pouvoir opposer apparaître et apparence mais l'intentionnalité excède l'apparence, elle est apparence en tant qu'elle n'est pas défaut de l'apparaître ; l'opposition dès lors tombe quand l'intentionnalité prend en charge l'apparaître comme retrait. Il reste à préciser cet apparaître comme retrait.

On a défini l'angoisse à partir d'un double renvoi, débusquant la contradiction propre au jeu même du rien. L'invisible de l'œuvre ne montant à la visibilité que pour saturer le visible provoquant son retrait, l'angoisse réside dans cette contradiction même, portée par l'intentionnalité. Comment donc et selon quels mouvements l'angoisse et l'ennui naissent-ils dans (de) l'intentionnalité ?

L'angoisse, au lieu d'être un simple excès de l'apparaître, provient bien d'une contradiction propre de l'intentionnalité et l'intentionnalité alors consiste en cette contradiction. Quelle est-elle ? On peut la lire comme l'intentionnalité s'éprouvant elle-même, au double sens de se découvrir et de se mettre à l'épreuve, comprenant ce qu'elle est et faisant l'expérience de ce tiraillement, de cette tension extrême. L'intentionnalité à son comble, au moment de sa toute-puissance, est constituante mais à la seconde où elle constitue le monde, elle découvre le vide et ce vide est l'apparaître dans son mouvement de retrait.

La mélancolie découvre l'apparaître dans son impossibilité à apparaître, dans son refus. Sironi, là où de Chirico, sous les habits de la mélancolie, fondait sa vision dans un apparaître, retrouve les figures de la mélancolie, de l'intérieur précisément, parce que l'apparaître lui apparaît d'abord comme refus.

Il n'y a donc pas à attendre ou rêver un apparaître plus plein que l'esquisse ne le porte, dans la mesure où celle-ci n'est plus une dégradation ou une approximation de l'apparaître. L'apparence dit l'apparaître en tant qu'étant et plus l'étant est autonome, plus le rapport est net et s'affirme sous le mode du retrait, en tant qu'étant mais surtout comme distance. L'intentionnalité de fait bute sur l'écart, et le révèle mais sans éprouver cette distance comme une défaillance, sans supposer donc une entité séparée et plénière à l'origine. Affirmer le retrait en terme de manque (au sens cette fois de manquer de quelque chose), supposer l'intentionnalité amputée de quelque chose, est mécomprendre le retrait, ravaler l'œuvre encore à une valeur.

L'angoisse n'est produite que par le jeu, au sens où deux pièces d'un mécanisme jouent, de ces deux mouvements, et le moment où tout est consolidé, l'étant solide, celui de la faillite. L'angoisse n'est donc pas le fait d'un seul excès de l'apparaître par manque, ni seulement une prétention, une prévision vaine de l'intentionnalité, elle est le projet interdit en tant qu'extrémité du mouvement intentionnel : l'apparaître intenable, la surprise reprise. Intenable au sens où dans *Umgriff* ce qui est tenu est intenable. N'a-t-on pas montré que ce qui y était enlacé était le vide ?

Dans l'ennui en revanche l'indifférenciation des étants est le fruit mort de la prévision de l'intentionnalité qui prévoit et prévoyant ne voit plus rien (voit donc le rien) ; c'est dans la prévision que gît l'insatisfaction la plus grande, l'ennui comme tel, et ce qui le redouble : l'interdit fait à l'apparaître.

On pourrait dire que dans l'ennui comme dans l'angoisse, le retrait est l'invisible de ce qui a déjà fui, de ce qui fut présence donnée pour disparaître. Il faudrait prendre garde à nouveau de préserver à l'ennui son irréductibilité, dans la mesure où seul il manifeste et autorise à penser l'antériorité de la donation sur l'être. Le rien n'équivaut pas à l'être mais en reste le linceul. Dans l'angoisse ce qui se dévoile, affirme l'être sous le mode du retrait ou pour le dire autrement de l'exclusion. L'ennui est pour l'étant un chômage d'être, l'étant sans l'être, une démission de l'étant de sa charge de recueillir l'être, sa cécité à l'appel qu'il voit peut-être mais ne désire plus. L'étant est alors comblé comme on comble une fissure tout en étant à son comble. L'angoisse donne et reprend à la même seconde (la montée à la visibilité stridente et sans appel des derniers Klee…) ; l'ennui exhibe que ce qui se donne ne se donne pas (les œuvres de Sironi montrent en revanche la surdité, la cécité à l'appel : femmes-allégories de la mélancolie, aveugles aux montagnes peintes, et de leur cécité, nous les désignant comme peintes, marquées d'invisible donc).

L'ennui, l'angoisse seraient de tout tableau, le fonds de toute œuvre en tant qu'affirmation du retrait autant que toute œuvre l'est, mais ici dans les œuvres présentées singulièrement lisibles puisqu'aux deux extrémités de l'apparaître.

Dans l'ennui sironien l'œuvre fait apparaître que rien n'apparaît et dans l'angoisse des derniers tableaux de Klee l'apparaître fait face pour rien, au sens où l'on dit faire face à un ennemi, ici l'ennemi le plus invisible.

Entre le temps vide des tableaux de Sironi où le « perspectivisme » qui les règle trouve son point de fuite en une volonté qui ne peut rien, ne veut rien (ce temps qui semble toujours déjà passé mais visible en l'œuvre) et l'instant où avec la même puissance que celle de l'angoisse, l'image dans les derniers tableaux de Klee bascule vers moi, se joue, que l'image palpite ou se refuse, qu'on doive la dire icône ou idole, cette donation que l'œuvre plus que tout phénomène non seulement manifeste mais rend au monde. Ce qui alors se donne, que l'on sauve du visible et qui d'une certaine façon nous sauve, c'est à l'œuvre que nous le devons, que nous devons de savoir que ce qui nous est donné, arraché à l'angle mort du regard, l'est pour nous être repris.

Il ne me reste alors comme dans l'étreinte d'un vide non pas l'amertume que ce qui se donne se donne pour se perdre, non pas ce savoir ou cette vigilance dont la donation a laissé l'empreinte et que l'image désormais inerte devant moi trahit encore, représente donc, mais justement cette institution de la représentation en moi qui est le travail incessant de la mort. « L'œil en trop » n'est plus seulement alors celui suspect de vouloir connaître l'origine, le point aveugle où se donne ce qui se donne, mais l'œil qui souffre de voir, de cet excès de voir parce que ce qu'il voit et est seul à voir va se perdre, et se retrouver et se perdre jusqu'à ce que « l'ombre de la nuit » ne le lui rende pas[1].

1. « L'ombre de la nuit » : l'étrange effet évoqué par cette expression empruntée donc à ce qui nous a été légué par Waiblinger comme étant le dernier poème de Hölderlin peut être analysé depuis la notion de césure, telle que Hölderlin la développe dans ses *Remarques sur les traductions de Sophocle* (in Hölderlin, *Œuvres complètes*, « Bibliothèque de la Pléiade », Paris, Gallimard, p. 951 et suivantes).

La césure y est définie à partir du transport tragique lequel est selon Hölderlin (p. 952) « à la vérité proprement vide : il est le moins pourvu de liaison. Par là, dans la consécution rythmique des représentations, où s'expose le transport, ce que l'on nomme dans la mesure des syllabes la césure, la pure parole, la suspension anti-rythmique, devient nécessaire pour rencontrer comme arrachement le changement et l'échange des représentations, à un tel sommet qu'alors ce ne soit plus le changement des représentations, mais la représentation en elle-même qui apparaisse ».

La césure est donc une syncope de la représentation (et non une mise en abîme) grâce à laquelle la forme tragique se désavoue à l'instant même où elle semble se présenter comme l'instrument de la vérité. Mais le point fondamental ici est de voir que c'est par ce retrait même, ou ce désaveu, c'est-à-dire dans cette manière de se donner deux fois, ou en deux temps, que la forme sauve sa non-vérité du pur et simple néant : qu'elle s'impose.

Et si Hölderlin fait par la suite des interventions du devin Tirésias le moment même de la césure dans la tragédie (« Dans les deux pièces, la césure est constituée par les paroles de Tirésias », p. 953) c'est que ces interventions valent comme une non-révélation explicite, nous font entendre ce qu'Œdipe lui-même n'entend pas de ce qu'il dit. L'écho muet que lui renvoie le devin est le signe audible de sa surdité. En ce sens, le moment où la représentation se représente est le moment où la cécité nécessaire à la vision devient à son tour visible.

Dans la pensée de Hölderlin, la césure est l'équivalent prosodique de ce que, quelques pages plus loin, il appelle le « retournement catégorique » du temps : ce point de naissance de la modernité, lorsqu'à la mort volontaire du dieu, à son « infidélité » répond la trahison de l'homme, son repli sur une finitude sans espoir. Elle y répond en effet comme « la piété du traître » ; comme une trahison pieuse puisque, par une infidélité symétrique, elle préserve l'espace qui sépare l'homme du dieu, et qui, les séparant, les unit (fût-ce dans la douleur). On peut se reporter à ce propos à l'interprétation de M. Blanchot dans *L'Espace littéraire* (Idées-Gallimard, p. 366). À cette nuance près, toutefois, que la Parole poétique, qui prend sa source dans cette piété du traître, est le contraire même d'une parole pleine. Elle s'énonce dans l'effet de saccade, de l'asyndète (les « aber » répétitifs de la poésie hölderlinienne) qui juxtapose comme par grands pans des images sans autre lien entre elles qu'une articulation syntaxique devenue progressivement strictement formelle et creuse.

index

liste des œuvres reproduites

Mario Sironi, *Nudo disteso*, 1940, Collection privée. © Adagp, Paris, 2019. Photo © Mondadori Portfolio/Walter Mori/Bridgeman Images.

Paul Klee , *Eile/Hâte*, 1938, 77. Couleur à la colle sur papier sur carton, 48,9 x 33 cm. Photo © Zentrum Paul Klee, Bern.

Mario Sironi, *La fata della montagna*, 1929, Museo del Novecento, Milan, Italie. © Adagp, Paris, 2019. Photo © Mondadori Portfolio/Bridgeman Images.

Mario Sironi, *Il gasometro*, 1945, Civico Museo d'Arte Contemporanea, Milan, Italie. © Adagp, Paris, 2019. Photo © De Agostini Picture Library/ U. Marzani/ Bridgeman Images.

Paul Klee, *Alphabet WE*, 1938, 226. Couleur à la colle sur papier sur carton, 27,1 x 21 cm. Photo © Zentrum Paul Klee, Bern.

Paul Klee, *Opfer/Sacrifice*, 1939, 53. Plume sur papier sur carton, 20,9 x 29,7 cm. Photo © Zentrum Paul Klee, Bern.

Paul Klee, *Kranker im Boot/ Malade dans la barque*, 1940, 66. Craie sur papier sur carton, 20,5 x 41,6 cm. Photo © Zentrum Paul Klee, Bern.

Mario Sironi, *I costruttori*, 1929, Museo del Novecento, Milan, Italie. © Adagp, Paris, 2019. Photo © Mondadori Portfolio/Electa/Luca Carra/Bridgeman Images.

table des matières

Achevé d'imprimer en octobre 2019 par

ISIPRINT

15 rue Francis de Pressensé

93210 La Plaine Saint-Denis

Numéro d'impression : 148378

Imprimé en France